NEUROCIÊNCIAS E EDUCAÇÃO

REGINA MIGLIORI

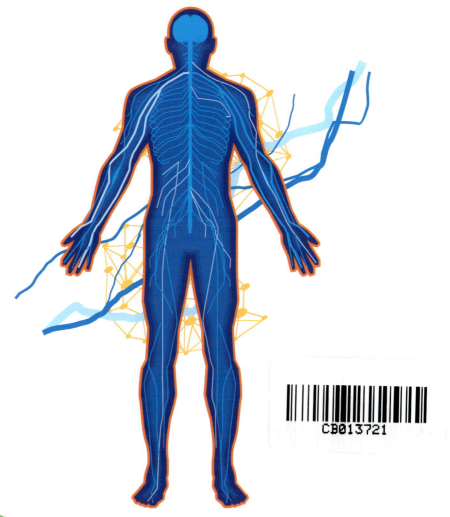

Brasil Sustentável Editora

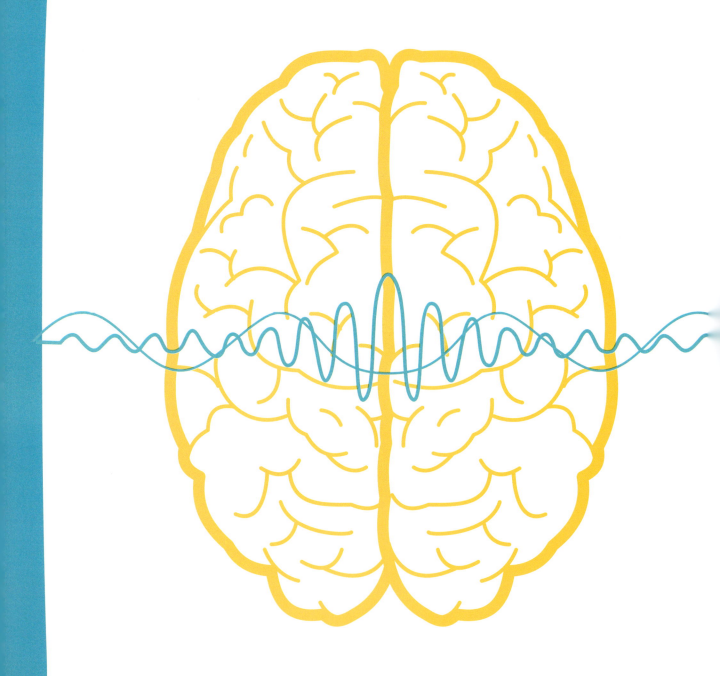

PREFÁCIO

Regina Migliori aborda, neste livro, dois temas fascinantes sobre conhecimento, que se situam nos extremos opostos da escala temporal: neurociências, considerada a fronteira do conhecimento atual, a incursão no futuro; e educação, reconhecida desde os tempos pré-históricos como a estratégia da espécie humana para transmitir valores e ao mesmo tempo promover a evolução desses valores. A educação repousa em sofisticados mecanismos de mimetismo e de memória, de imaginação e criatividade, de fantasia e utopia. A educação é ancorada em tradições e interesses vários e vem sendo, desde tempos imemoriais, organizada e estruturada, de forma empírica, segundo normas dominantes da sociedade.

Regina Migliori está em condição privilegiada, tanto como acadêmica quanto como profissional, para relacionar esses dois temas. Tem vasta experiência focalizando o objetivo principal da educação, que é a formação de recursos humanos para atuar na sociedade, e para pensar modelos alternativos que contemplem a qualidade de ser humano, com dignidade e bem-estar para todos. Além disso, acompanha atentamente os recentes avanços das neurociências, que aprofundam nossos conhecimentos sobre o cérebro, sua estrutura e seu funcionamento tão complexos.

Regina analisa como o cérebro e os comportamentos do sistema nervoso são complementares para determinar nossas relações corpo e mente, nossas maneiras de aprender e ensinar, nosso imaginário e nossas explicações, nossas fantasias e nossa criatividade. São esses elementos que compõem o desempenho consciente da missão do educador, seja como pai, mestre ou gestor. Leitores empenhados nessas missões serão beneficiados por este livro tão bem organizado, escrito em uma linguagem simples e didática, ao mesmo tempo que rigorosa.

Ubiratan D'Ambrosio
Professor Emérito da UNICAMP
Membro fundandor do Centre International de
Recherches et Études Transdisciplinaires/CIRET

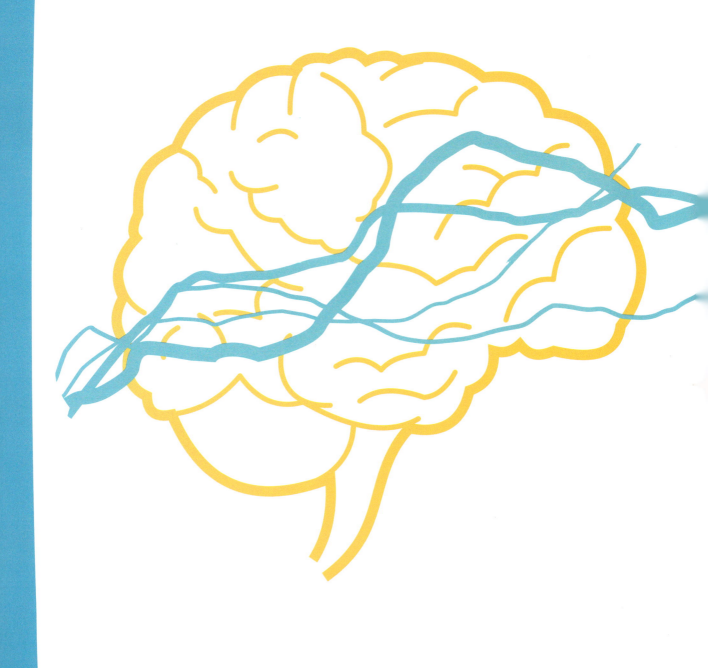

AGRADECIMENTOS

Não existem fórmulas mágicas, embora exista a magia, pois o que é mágico não cabe em fórmulas. Foi assim que surgiu este livro e todos os demais desta série de publicações. É o resultado da magia que o cérebro e a mente exercem sobre nós, com suas infinitas possibilidades. Uma magia que está em todo lugar, mas não cabe completamente em lugar nenhum. É por estar em muitos lugares que este trabalho só se tornou realidade por conta da ação e da colaboração de muitos.

Agradeço a todos os jovens, educadores, pais, empresários, governantes, lideranças de diferentes tradições, pesquisadores, estudiosos e cientistas com quem venho convivendo, que me confrontam com um desejo investigativo sobre o que nos torna humanos – o que nos permite pensar, sentir, e escolher com base em um conjunto de valores. Foi essa aspiração que me conduziu à pesquisa sobre neurociências e educação.

Foi muito relevante a postura da UNIFESP e do CDN - Centro Diagnóstico Psicológico, pela abertura e disposição em me receber na pós-graduação vinculada à saúde – mesmo eu não tendo formação nesta área – e permitir que minhas ideias sobre neurociências e educação pudessem se traduzir em estudo e pesquisa. Foi fundamental o apoio de Rafaela Ribeiro e Ivanda Souza e Silva. Meus agradecimentos também ao Dr. César Lorenzano, por acolher a proposta de pesquisa sobre as neurociências como pauta desafiadora de paradigmas científicos vigentes, e ao Ubiratan D'Ambrosio, pela imensa contribuição humana e científica.

Quero agradecer a Tamara Russell, Elisa Kozasa, Sandra Fortes, Marcelo Demarzo e Fernando Bignardi, por inspirarem e compartilharem seus projetos e resultados de pesquisa. Agradeço a Alan Wallace, Lia Diskin, Rosa Maria Viana, Katya Stubing, Rosemarie Inojosa, Walmir Cardoso, Lama Rinchen Khyenrab, Lama Padma Samten, Terezita Pagani, Alberto Cabus e Carlos Sebastião Andriani, que me estimulam a seguir com o desafio de aproximar o conhecimento de culturas milenares à pesquisa neurocientífica aplicada à educação e ao desenvolvimento humano.

Reconheço o incansável trabalho de edição de Anna Maria Brasil, que rapidamente vislumbrou a possibilidade de publicação e coordenou, com maestria, a equipe que deu vida a esta obra, particularmente o inspirado trabalho dos artistas Diego Duailibi e Fabio Oliveira, que traduziram conceitos nas cores e imagens que conduzem a leitura.

Sinto-me em dívida com os educadores que vêm compartilhando sua experiência comigo, e também com todos os que, no ambiente empresarial e na gestão pública, vêm aplicando essa abordagem como fundamento de modelos sustentáveis. Agradeço aos milhares de pessoas que participaram dos programas e projetos que tive a oportunidade de conduzir: todas elas me inspiram e renovam o desafio de oferecer algo que possa ser benéfico para o mundo.

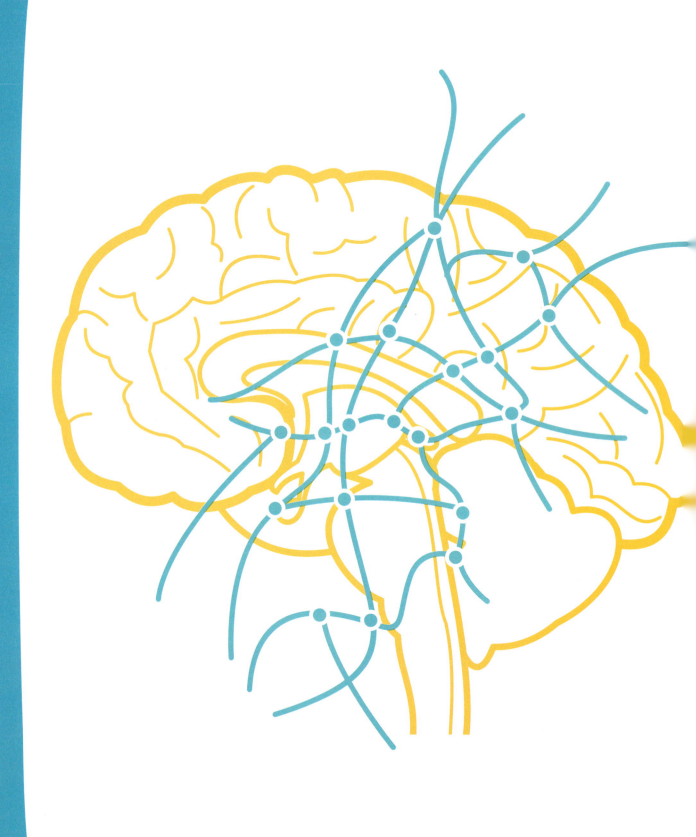

NEUROCIÊNCIAS E EDUCAÇÃO

DEPOIMENTOS

"O trabalho de Regina Migliori é fascinante. Há muito a aprender com a sua vasta experiência em torno da educação, no seu trabalho em uma variedade de setores, bem como no seu desenvolvimento de evidências neurocientíficas de ponta."

Dr. Tamara Russell
Visiting Lecturer King's College London
Director, Mindfulness Centre of Excellence, London

"Este livro nos mostra como as neurociências estão auxiliando no melhor entendimento sobre o cérebro, a mente, a atenção, a percepção, visando permitir boas escolhas por parte do indivíduo, seja buscando o seu próprio interesse seja buscando o interesse social. A professora Regina, com ampla experiência sobre o tema, vem, no tempo preciso, atender a uma lacuna sobre neurociência na educação, oferecendo esta publicação que vem auxiliar os educadores a darem um passo a mais no conhecimento sobre o ser humano e na instrumentalização de seu trabalho visando uma ação mais consistente de contribuição para que o potencial humano possa ser amplamente realizado. Estamos em uma era onde os valores humanos, a visão de ser humano integral se sobrepõe a outros caminhos. Recomendamos a leitura deste livro que, sem dúvida, vai contribuir para a melhoria dos projetos pedagógicos e da construção de um novo caminho para a educação."

Carlos Sebastião Andriani
PhD na área humana da gestão ISCTE-Lisboa
Presidente da Fundação Douglas Andriani
Chairman do BI International

"Regina Migliori tem se dedicado ao tema que apresenta neste livro com muita paixão. O resultado é uma obra simples e acessível, pela qual os educadores poderão tomar contato com um tema complexo e essencial para os dias de hoje!"

Prof Dr Walmir Thomazi Cardoso - Professor da PUC-SP
Apresentador dos programas "Sala de Professor" e
"Acervo" da TV Escola do MEC

"Trabalhar com Regina Migliori no programa Meditação, Neurociências e Educação em Valores, voltado para a formação de educadores e introdução das práticas contemplativas em nossa escola, tem transformado o ambiente educativo. Educadores e estudantes exercitando a meditação da atenção plena – mindfulness, estão experimentando uma mudança pessoal e coletiva, proporcionando um estado de harmonia entre cérebro e coração, melhorando os níveis de atenção e, consequentemente, de aprendizagem e desenvolvimento humano."

Dilson Costa - Diretor Geral
da Escola SESI Abelardo Lopes

SUMÁRIO

NEUROCIÊNCIAS E EDUCAÇÃO	11

CAPÍTULO I – Entendendo as Neurociências	**13**
O que são as Neurociências	13
Formas de ver o cérebro	14
De que tratam as Neurociências	15
Ramos da Neurociência	16

CAPÍTULO II – Estrutura do Sistema Nervoso	**19**
Sistema Nervoso Periférico – SNP	19
Sistema Nervoso Central – SNC	21
As partes do Encéfalo	22
As dobras do tecido cerebral – Para que servem?	24
A evolução do Encéfalo	25

CAPÍTULO III – Como tudo funciona	**27**
Um pouco sobre Neurônios e Sinapses	27
Como um neurônio processa a informação	27
Há dois tipos básicos de Sinapses : elétricas e Químicas	29
A história dos neurônios e de dois cientistas	32
Neurotransmissores – os mensageiros do cérebro	35

CAPÍTULO IV – Como o cérebro aprende	**37**
Neurociências e aprendizagem	37
Neuroplasticidade	38
A plasticidade pode ser benéfica ou não	40
A capacidade de aprender	43
Aprendizagem e memória	45
Sistemas atencionais	47
Percepções e Funções Visuoespaciais	48
Bases neurológicas da linguagem escrita	49
Distúrbios, transtornos, e dificuldades de aprendizagem	51

CAPÍTULO V – Funções executivas e cognição	**53**
Sistemas e funções cognitivo-executivas	55
Funções executivas	58
Autonomia e déficit de atenção	61
Mindfulness – a Meditação da Atenção Plena	64

CAPÍTULO VI – Vivendo Emoções Plenas	**69**
Bases da neurobiologia das emoções	69
Sistema límbico	70
Expressando as emoções	71
A expressão facial das emoções	73
Motivação e Sistema de Recompensas	76

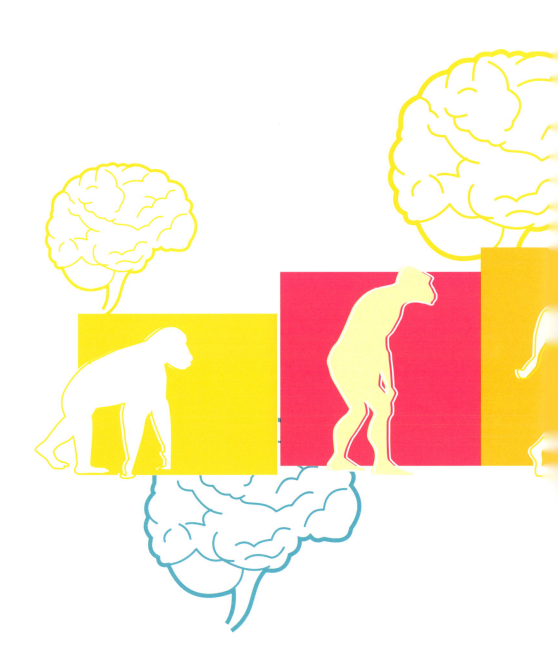

NEUROCIÊNCIAS E EDUCAÇÃO

A maioria de nós não pensa sobre como pensamos. Também não nos preocupamos em sentir como é que sentimos. Nosso cérebro parece ser tão eficiente, que também não pensamos muito nele.

Não precisamos estar cientes de que o cérebro tem muitas áreas funcionando de forma sistêmica, para que ele funcione bem. Podemos não saber que, a cada nova experiência na vida, nosso cérebro muda estruturalmente e se transforma. Tudo afeta nossa estrutura cerebral, seja um acontecimento importante ou uma ação corriqueira como ler esta página.

Pode ser que ao pensar na evolução da nossa espécie não façamos muita relação entre cérebro e comportamento, e muito menos entre educação e evolução da espécie.

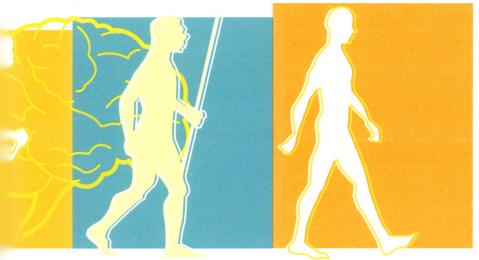

O objetivo deste livro é conduzir você por uma viagem pelas entranhas do sistema nervoso e suas inter-relações com nossos pensamentos, sentimentos e ações. Ou seja, uma jornada pelas vias que tecem a trama entre nosso mundo interno e a realidade externa.

As pesquisas sobre a estrutura e o funcionamento do cérebro, somadas às relações deste com nossas manifestações mentais e comportamentais, vêm produzindo muitos impactos na educação e nos processos de aprendizagem.

Espero que estas informações possam contribuir com a atualização diante de pesquisas científicas e viabilizem aplicações práticas que ampliem o processo educativo voltado para o desenvolvimento dos níveis de excelência das pessoas.

O QUE SÃO AS NEUROCIÊNCIAS

Steven Rose, neurocientista inglês, afirma que um dos desafios das neurociências (o plural é importante) é fundir todos os conhecimentos sobre o cérebro:

> "Porque o cérebro está cheio de paradoxos. Ele é simultaneamente uma estrutura fixa e um conjunto de processos dinâmicos, em parte coerentes, em parte independentes. As propriedades – funções – estão simultaneamente localizadas e deslocadas, embutidas em pequenos agrupamentos de células ou aspectos do funcionamento como um todo."

Com seus 100 bilhões de neurônios e cerca de 100 trilhões de conexões, o cérebro humano vem se configurando como o fenômeno mais complexo no universo conhecido. Some-se a isso as consequentes indagações sobre a mente e a consciência humana.

Diante de tamanha complexidade, pode-se afirmar que as pesquisas ainda estão em um estágio rico em dados e pobre em teorias. Torna-se bastante desafiador integrar aspectos que até então constituíam campos de conhecimento separados, tais como química, biologia, neuroanatomia, neurofisiologia, genética, psicologia, filosofia, pedagogia, economia.

A possibilidade, e a esperança, de montar o quebra-cabeças se renovou no final do século XX, com o estabelecimento de um campo de conhecimento abrangentre, as neurociências, que se caracterizam como um conjunto de conhecimentos sobre o cérebro, sua estrutura e seu funcionamento, e as respectivas relações com nossas manifestações mentais e comportamentais.

Estamos ampliando nossa compreensão sobre as interfaces entre o cérebro e os comportamentos. Isso impacta em transformações nas dinâmicas do ser humano, e consequentemente, nos processos educativos.

Some-se a isso a inevitável aproximação com a neurotecnologia, a possibilidade de mapear o cérebro por meio de imagens, de exercitar habilidades em equipamentos de neurofeedback, de encontrar soluções genéticas ou farmacológicas para problemas individuais. Isso nos faz refletir sobre o fato de que as neurociências não podem ser compreendidas somente no âmbito dos processos que envolvem cérebro e mente, dissociados do contexto sócio-econômico-cultural no qual essa produção de conhecimento está se desenvolvendo.

É relevante compreender que as neurociências oferecem a perspectiva para predição, mudança e controle das mentes. Isso amplia o enfoque ético sobre o quanto a crescente capacidade de explicar o cérebro traz consigo o poder de consertar, modular, e manipular a mente.

Estamos ampliando nossa capacidade de compreensão sobre as interfaces entre o cérebro e os comportamentos. Isso impacta em transformações nas dinâmicas do ser humano e, consequentemente, nos processos educativos.

FORMAS DE VER O CÉREBRO

A neuroanatomia e a neurofisiologia têm como foco a organização anatômica do sistema nervoso, o delineamento das regiões do cérebro, a distinção entre as estruturas cerebrais, as inumeráveis ligações entre o cérebro e todas as regiões do corpo, e como este complexo sistema trabalha.

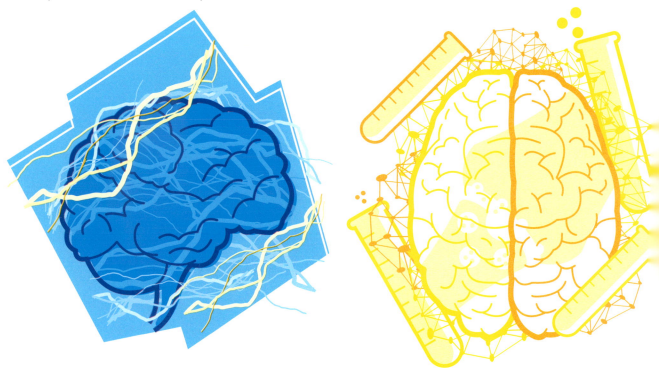

As concepções sobre educação se ampliam à medida que se compreende um pouco mais sobre a estrutura e o funcionamento do cérebro. Mas existem diferentes maneiras de ver o cérebro, assim como há diferentes formas de ver a vida.

Podemos vê-lo como um conjunto de células que interagem através de finos prolongamentos, formando trilhões de complexos circuitos intercomunicantes. Podemos analisar os sinais elétricos produzidos pelos neurônios. É possível estudar as reações químicas que ocorrem entre as moléculas dentro e fora das células nervosas. Podemos também compreender o envolvimento do cérebro na produção de comportamentos emergentes do sistema nervoso.

Até bem pouco tempo, seria simples reconhecer a existência desses diferentes níveis do sistema nervoso e acreditar na prevalência de algum deles sobre os demais. Na visão do neurocientista Roberto Lent,

> "*O mais comum era acreditar que os fenômenos de cada nível poderiam ser mais bem explicados pelo nível inferior: os fenômenos psicológicos seriam, assim, reduzidos a suas manifestações fisiológicas, os fenômenos fisiológicos reduzidos a suas manifestações celulares, e os fenômenos celulares a suas manifestações moleculares. Tudo então se resumiria às interações entre as moléculas componentes do sistema nervoso. Uma frase típica dessa abordagem é: a consciência é uma propriedade das moléculas do cérebro. Hoje está claro que esta atitude reducionista não é uma boa explicação, embora possa ser um bom método de estudo. Os níveis de existência do sistema nervoso não são uns consequências dos outros. Coexistem simultaneamente, em paralelo.*"

Portanto, admite-se a divisão do sistema nervoso em diferentes níveis somente com a finalidade de análise dos fenômenos, sem perder de vista o caráter sistêmico e simultâneo das estruturas, do funcionamento e das interações com nossos comportamentos.

Nosso foco é a abordargem de alguns desses aspectos, considerados relevantes para a aprendizagem, e o processo de ação humana.

DE QUE TRATAM AS NEUROCIÊNCIAS

O campo de estudo e pesquisa das Neurociências tem sua origem em questões que há séculos vêm instigando as pessoas. O que o cérebro tem a ver com a consciência? Há evidências sobre essa relação? Como acontecem os mecanismos da cognição? Como surgem as emoções? Como todo esse sistema tangível e intangível funciona?

Essas questões continuam sendo pauta de pesquisas, que se organizam em conjuntos de conhecimentos, que, por sua vez, se tornam ramos das Neurociências.

RAMOS DAS NEUROCIÊNCIAS UM CAMPO INTERDISCIPLINAR

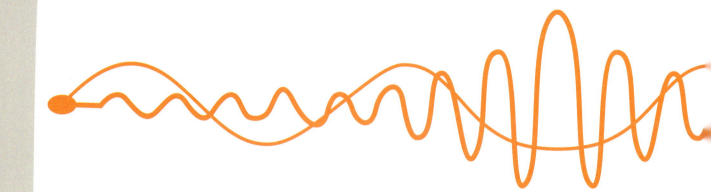

■ NEUROANATOMIA
Ramo da anatomia que estuda a organização e a estrutura do sistema nervoso.

■ NEUROFISIOLOGIA
Ramo da fisiologia que estuda o funcionamento do sistema nervoso.

■ NEUROLOGIA
Especialidade médica que lida com o sistema nervoso e seus distúrbios.

■ NEUROBIOLOGIA
Estudo biológico do sistema nervoso e de suas partes.

■ NEUROENDOCRINOLOGIA
Estudo das interações entre o sistema nervoso e o sistema endócrino, suas glândulas e respectivas secreções.

■ NEUROFARMACOLOGIA
Estudo das drogas (remédios e medicamentos) sobre o sistema nervoso.

■ NEUROGENÉTICA
Estudo de fatores genéticos que contribuem para o desenvolvimento neurológico e seus eventuais distúrbios.

■ NEUROPATOLOGIA
Estudo de doenças do sistema nervoso.

CAPÍTULO I

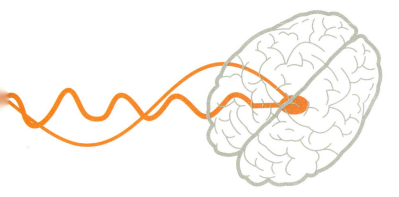

Tradicionalmente, as Neurociências eram vistas como um ramo da biologia. Entretanto, com as investigações sobre as interfaces entre cérebro-mente-comportamento, o escopo das Neurociências vem sendo ampliado.

● NEUROPSICOLOGIA
Ramo de conhecimento que lida com as relações entre o sistema nervoso, as funções cerebrais e mentais, e os respectivos comportamentos.

● NEUROPSIQUIATRIA
Estudo médico sobre distúrbios neurológicos e psiquiátricos.

● NEURORRADIOLOGIA
Ramo da radiologia que lida com o sistema nervoso utilizando raios X para o diagnóstico e o tratamento de distúrbios do sistema nervoso.

● NEUROQUÍMICA
Estudo das composições químicas, dos processos do sistema nervoso e dos efeitos de substâncias químicas sobre ele.

● NEUROCIÊNCIA SOCIAL
Campo interdisciplinar que estuda simultaneamente cérebros e inter-relação mutua, combinando as abordagens da Neuropsicologia e da Neurociência Cognitiva com as questões e teorias de várias ciências sociais.

● NEUROECONOMIA
Estudos dos processos cerebrais relacionados às questões financeiras e econômicas dos indivíduos.

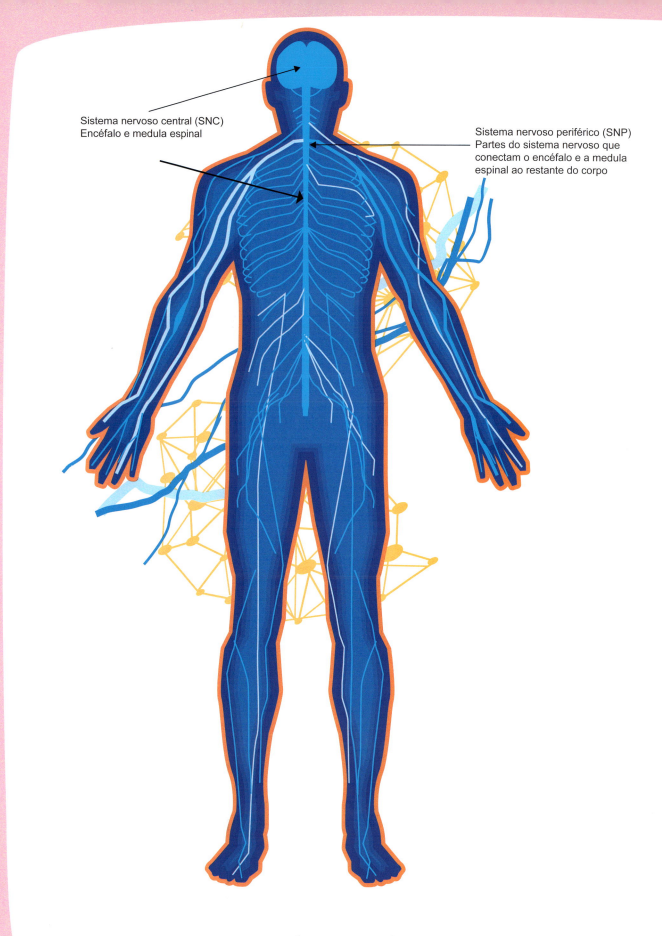

ESTRUTURA DO SISTEMA NERVOSO

O sistema nervoso pode ser considerado o sistema mais complexo e mais organizado entre os vários sistemas do corpo humano. Para o estudo anatômico, ele é dividido em duas partes: central e periférico.

O sistema nervoso central (SNC) corresponde às partes que estão situadas dentro do crânio e da coluna vertebral. É onde está a maioria das células nervosas, seus prolongamentos e os contatos que estabelecem entre si. No sistema nervoso pe-riférico (SNP) há um número menor de células e um grande número de prolongamentos -- fibras nervosas agrupadas em filetes chamados nervos, que se prolongam por todo o corpo.

 ## SISTEMA NERVOSO PERIFÉRICO - SNP

Os nervos periféricos se dividem em grupos intimamente conectados, e são os neurônios que conectam o cérebro e a medula espinal ao restante do corpo. Esses nervos periféricos se dividem em dois grupos: cerebroespinhal e autônomo, dispostos em duas colunas situadas imediatamente ao lado da coluna vertebral.

Os nervos cerbroespinhais possuem funções motora e sensitiva. Essas redes sensoriais e motoras do sistema nervoso periférico estão conectadas ao sistema nervoso central.

Nervos sensoriais são aqueles relacionados aos nossos sentidos. As informações dos receptores sensoriais são levadas ao cérebro, onde são trabalhadas em redes para construir imagens do momento atual, memórias de eventos passados e expectativas em relação ao futuro.

Os nervos motores conectam o cérebro e a medula espinhal aos músculos do corpo. São essas redes motoras que neste momento estão sendo utilizadas para você ler este livro: o movimento dos olhos, as mãos virando as páginas, a postura que sustenta seu corpo enquanto lê.

Essas vias motoras também são usadas para o funcionamento dos órgãos do corpo. Fazem parte de uma outra subdivisão, o sistema nervoso autônomo, composto de neurônios que recebem e enviam mensagens para os órgãos do corpo. Os nervos autônomos controlam todos os fenômenos não voluntários, como o funcionamento do aparelho digestivo, o calibre dos vasos sanguíneos, o diâmetro da pupila, a salivação, as batidas do coração etc. É o sistema autônomo que faz a gente sentir fome antes de comer e satisfação depois da refeição. Também regula a digestão dos alimentos ingeridos. Em resumo, é ele que regula todas as funções corporais.

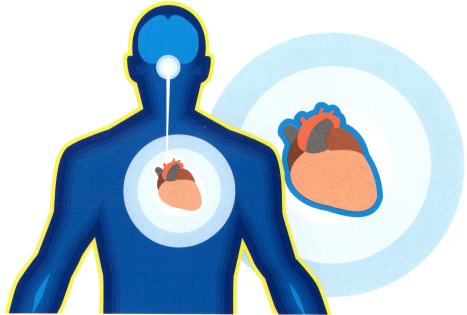

CAPÍTULO II

SISTEMA NERVOSO CENTRAL - SNC

O sistema nervoso central (SNC) é composto por medula espinhal e encéfalo.

MEDULA ESPINHAL
É a parte do SNC que se estende pelo interior do canal da coluna vertebral. A prolongação do encéfalo compõe a medula espinhal.

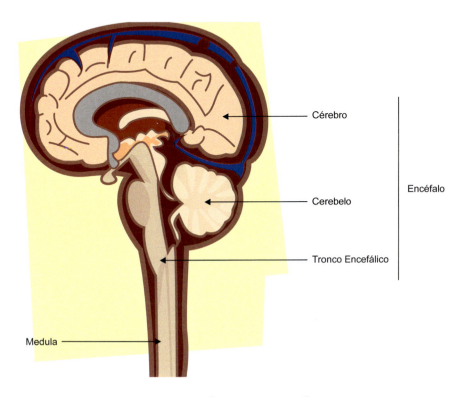

ENCÉFALO

É a parte do SNC contida no interior da caixa craniana, ou seja, dentro da cabeça. Comumente nomeamos tudo o que está dentro da cabeça como "cérebro", mas na realidade o nome correto é encéfalo.

O encéfalo é constituído por um conjunto de três estruturas especializadas, que funcionam de forma integrada: tronco encefálico, cerebelo e cérebro, veja na imagem:

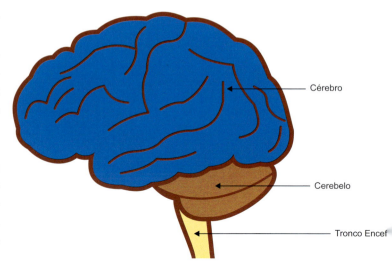

AS PARTES DO ENCÉFALO

A) TRONCO ENCEFÁLICO

É a área do encéfalo que fica próxima à medula espinhal. Possui várias estruturas: o bulbo, o mesencéfalo e a ponte. Algumas dessas áreas são responsáveis por funções básicas para a manutenção da vida, como a respiração, o batimento cardíaco e a pressão arterial.

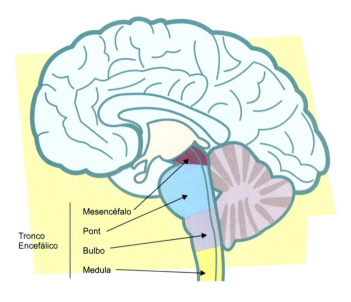

NEUROCIÊNCIAS E EDUCAÇÃO

B) CEREBELO

É a área do encéfalo que está situada atrás do cérebro. É um centro para o controle dos movimentos, apresentando extensas conexões com o cérebro e a medula espinhal. Suas principais funções são: manutenção do equilíbrio e da postura, controle do tônus muscular e controle dos movimentos voluntários.

C) CÉREBRO

O cérebro é constituído por duas metades chamadas de hemisférios cerebrais, as quais se situam um do lado direito e outro do lado esquerdo. É tão simétrico quanto o corpo, que tem, por exemplo, dois braços e duas pernas.

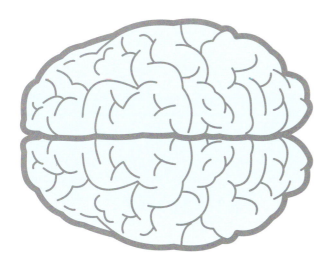

O cérebro abrange dois hemisférios, direito e esquerdo. Sua camada externa é chamada córtex, um tecido enrugado, com muitas dobras para se encaixe dentro do crânio. As pregas deste tecido são chamadas de giros. Cada hemisfério é dividido em quatro lobos : frontal, pariental, temporal e ocipital.

AS DOBRAS DO TECIDO CEREBRAL – PARA QUE SERVEM

A superfície externa do cérebro consiste em um tecido enrugado, com muitas dobras, para que se encaixe dentro do crânio. As pregas desse tecido são chamadas de giros e sulcos. Essa camada externa é conhecida como córtex cerebral. Esse nome vem do latim: a palavra córtex significa casca – nome bem adequado para essa camada tão enrugada que cobre a maior parte do encéfalo.

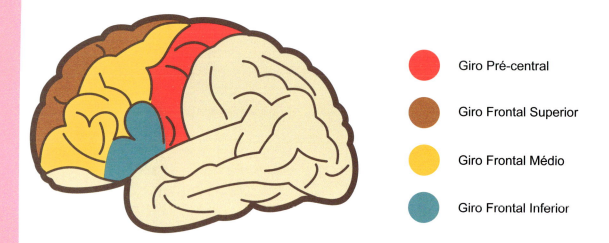

O córtex de cada hemisfério é dividido em quatro lobos, grandes regiões que recebem nomes relacionados aos ossos cranianos localizados próximos a eles. O lobo localizado na frente do cérebro é denominado lobo frontal. Na lateral está o lobo temporal. No topo da cabeça, atrás do lobo frontal, está o lobo parietal; e o lobo occipital constitui a área na parte posterior da cabeça.

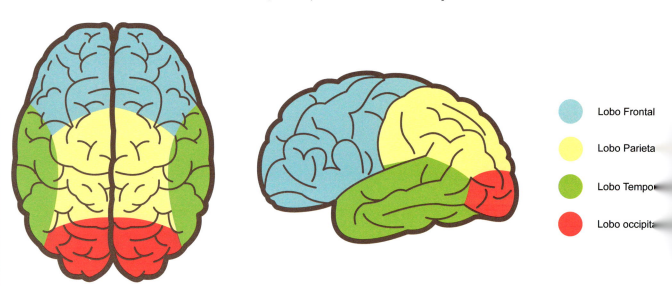

NEUROCIÊNCIAS E EDUCAÇÃO

CAPÍTULO II

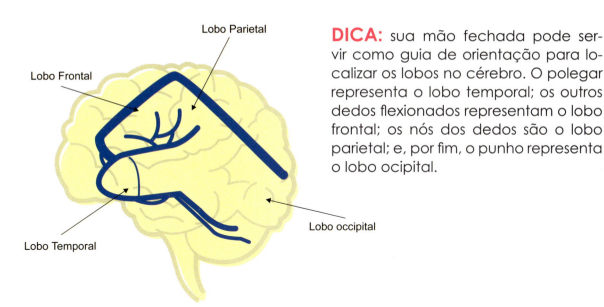

DICA: sua mão fechada pode servir como guia de orientação para localizar os lobos no cérebro. O polegar representa o lobo temporal; os outros dedos flexionados representam o lobo frontal; os nós dos dedos são o lobo parietal; e, por fim, o punho representa o lobo ocipital.

A EVOLUÇÃO DO ENCÉFALO

A Teoria do Cérebro Trino foi elaborada em 1990, pelo neurocientista Paul MacLean. É a teoria que considera o cérebro dividido em três unidades funcionais diferentes, cada uma delas representando um momento evolutivo do sistema nervoso dos vertebrados:

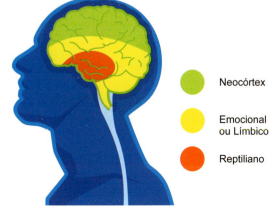

CÉREBRO REPTILIANO
É unidade cerebral mais primitiva, responsável pela autopreservação e pela agressão.

CÉREBRO EMOCIONAL
Também chamado de cérebro límbico, é responsável pelas emoções dos mamíferos. É formado pelas estruturas do sistema límbico.

CÉREBRO RACIONAL
Corresponde à unidade cerebral dos mamíferos superiores, os primatas e o *homo sapiens*.

NEUROCIÊNCIAS E EDUCAÇÃO

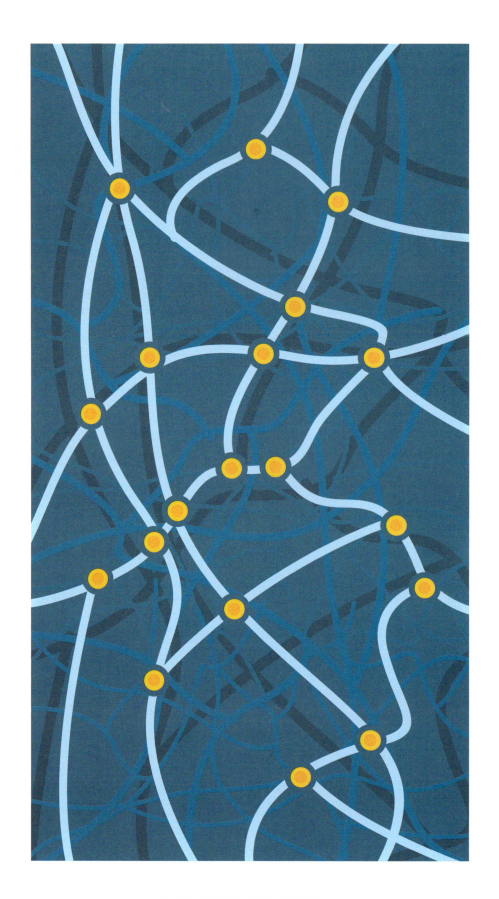

CAPÍTULO III

COMO TUDO FUNCIONA

■ UM POUCO SOBRE NEURÔNIOS E SINAPSES

O neurônio é considerado a unidade morfofuncional fundamental do sistema nervoso. É a célula nervosa que produz e veicula sinais elétricos, verdadeiros bits de informação. É capaz de codificar tudo o que percebemos do ambiente externo e interno, e tudo o que sentimos e pensamos em nossa consciência.

Essas unidades funcionais de informação não operam isoladamente, e sim em grandes conjuntos de neurônios associados, os chamados circuitos ou redes neurais.

O que diferencia o neurônio das demais células do nosso organismo é sua morfologia adaptada para o processamento de informações.

■ COMO UM NEURÔNIO PROCESSA A INFORMAÇÃO

Não vamos nos aprofundar na variedade de tipos de neurônios, mas, sim, nos aspectos da sua estrutura e em suas funções, praticamente comuns a todos eles e que são relevantes para a compreensão dos processos que serão descritos a seguir.

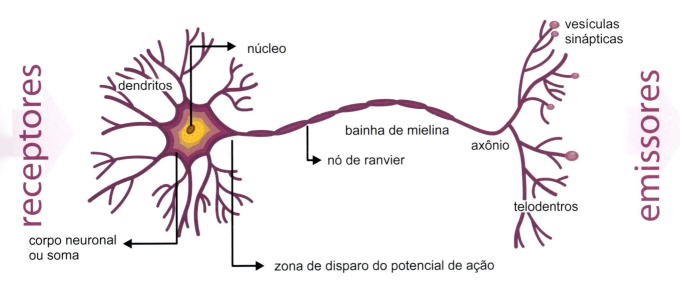

O corpo neural apresenta uma série de prolongamentos ou dentritos, através dos quais o neurônio recebe as informações dos demais neurônios, aos quais se associa. Um grande número de dendritos provoca um aumento na capacidade de receber as informações aferentes, ou seja, que chegam até o neurônio.

NEUROCIÊNCIAS E EDUCAÇÃO

Um desses prolongamentos é mais longo, ramificando-se bastante na sua porção terminal: é o axônio ou fibra nervosa. Cada neurônio tem um único axônio, por onde saem as informações dirigidas a muitos outros neurônios de um circuito neural. Para multiplicar a capacidade de saída da informação, o axônio se ramifica em sua porção terminal, onde também estão as vesículas sinápticas, pequenas bolsinhas que armazenam substâncias chamadas neurotransmissores e são liberadas no momento em que ocorre a sinapse.

É essencial que o sinal seja conduzido com a maior velocidade possível. Para tanto, há uma camada isolante em torno da fibra nervosa, a bainha de mielina, que possibilita a condução ultrarrápida dos sinais elétricos produzidos pelos neurônios, que praticamente "saltam" pelos nós de Ranvier, em direção à sua porção terminal.

Esses impulsos nervosos são transmitidos através de um fenômeno eletroquímico, o potencial de ação, que ocorre devido a modificações na permeabilidade da membrana do neurônio: uma rápida variação do potencial de repouso, ou seja, do potencial negativo para o potencial positivo, com um rápido retorno para o potencial de repouso negativo – a membrana muda sua polaridade e depois volta ao normal.

Tudo isso acontece em apenas alguns milésimos de segundos, permitindo ao neurônio produzir várias centenas de impulsos em cada segundo. A distribuição desses impulsos no tempo serve como um código de comunicação, como se fossem palavras de uma linguagem, que se modifica de acordo com as necessidades.

OS EVENTOS ELÉTRICOS E AS INTERAÇÕES BIOQUÍMICAS PROPAGAM UM SINAL DENTRO DO NEURÔNIO, E DE UM NEURÔNIO A OUTRO. O CONTATO ENTRE UM NEURÔNIO E OUTRO, ATRAVÉS DO QUAL OCORRE A TRANSMISSÃO DE MENSAGENS, É DENOMINADO SINAPSE.

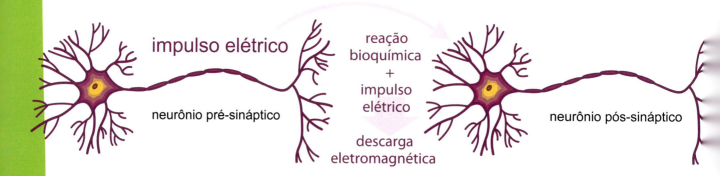

Na sinapse, os sinais emitidos por um neurônio, que chegam a outro, nem sempre passam sem alteração. Podem ser multiplicados ou bloqueados total ou parcialmente.

Se as informações entre os neurônios fossem todas transmitidas integralmente, então nem haveria necessidade de sinapses! Teríamos uma continuidade de membranas, e estaria garantida a passagem do mesmo potencial de ação por todas as células. Era o modo como se pensava antes que o histologista espanhol Santiago Ramón y Cajal individualizasse o neurônio em um microscópio óptico, pelo que recebeu o Prêmio Nobel de Medicina em 1906.

Se houvesse uma "continuidade de membranas", garantindo a passagem dos mesmos potenciais de ação, teríamos como consequência um sistema nervoso incapaz de tomar decisões, ou seja, de interpretar e modificar as informações.

A PARTIR DA INDIVIDUAÇÃO DO NEURÔNIO, TORNOU-SE POSSÍVEL IDENTIFICAR AS SINAPSES. O FATO DE A INFORMAÇÃO PODER SER MODIFICADA NA PASSAGEM DE UM NEURÔNIO PARA O OUTRO DURANTE A SINAPSE É O QUE GARANTE A GRANDE FLEXIBILIDADE DO SISTEMA NERVOSO E NOS PERMITE CRIAR E PENSAR EM INFINITAS POSSIBILIDADES.

Sem nenhum caráter reducionista, poderíamos dizer que a qualidade e a flexibilidade das nossas sinapses estão intimamente relacionadas com o que nos torna humanos: a capacidade de sentir, pensar, criar e escolher.

HÁ DOIS TIPOS BÁSICOS DE SINAPSES: ELÉTRICAS E QUÍMICAS.

As sinapses elétricas são de estrutura mais simples, são sincronizadores celulares. Permitem a transferência direta da corrente iônica de uma célula para a célula seguinte, sem intermediários químicos. Ocorrem em locais especializados, chamados junções comunicantes. É uma transmissão muito rápida da informação, como uma cópia, de uma célula para outra. Essa rapidez e fidelidade na transmissão permite a sincronização de numerosas populações de células acopladas – por exemplo, nas células cardíacas, onde é necessário fazer que se contraiam ao mesmo tempo para impulsionar o sangue adiante.

São sinapses muito velozes, mas, por serem de alta fidelidade, têm baixa capacidade de modulação e, se fossem majoritárias, reduziriam a flexibilidade do sistema nervoso e estabeleceriam comportamentos muito mais simples e esteriotipados.

Acredita-se que nosso complexo processo evolutivo ocorreu das sinapses elétricas para as sinapses químicas, o que fez surgir, entre dois neurônios, uma região especializada de contato – a fenda sináptica –, bastante maior que a junção comunicante das sinapses elétricas.

Esse espaço é ocupado por uma matriz proteica adesiva, que permite a fixação dos neurônios e a difusão de moléculas no interior da fenda. Como a transmissão sináptica é unidirecional, podemos chamar o neurônio que antecede a fenda de pré-sináptico e o segundo de pós-sináptico.

O terminal do neurônio pré-sináptico detém vesículas sinápticas, minúsculas esferas responsáveis pelo armazenamento das substâncias que serão liberadas na fenda – os neurotransmissores, cuja composição determina a qualidade do estímulo transmitido ao outro neurônio.

Assim, a informação chega aos terminais pré-sinápticos na forma de potenciais de ação conduzidos pelo axônio. Para ultrapassar a larga fenda sináptica, essa informação elétrica é convertida em informação química. Os potenciais de ação causam a liberação das substâncias armazenadas nas vesículas sinápticas: os neurotransmissores. Uma vez na fenda sináptica, essas substâncias difundem-se até a membrana do neurônio pós-sináptico, onde ocorre a conversão da informação química em informação elétrica. Esse processo se repetirá em toda uma via de comunicação.

Os neurônios *excitam* (ligam) ou *inibem* (desligam) outros neurônios. Ou seja, enviam sinais uns para os outros: "sim"- mensagens excitatórias, ou "não" – mensagens inibitórias. Cada neurônio envia e recebe milhares dessas mensagens excitatórias e inibitórias por segundo.

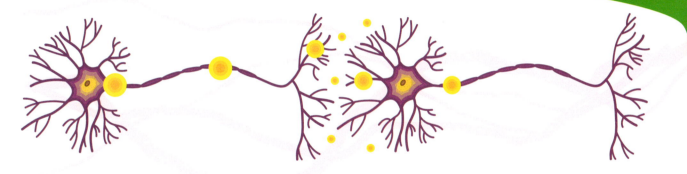

As sinapses químicas podem modificar as mensagens que transmitem, em razão de inúmeras circunstâncias. As substâncias neurotransmissoras e neuromoduladoras, de caráter inibitório ou excitatório, liberadas na fenda sináptica, provocam alterações no potencial de ação, modificam o sinal, o código de comunicação, em infinitas combinações entre os neurônios.

O que o neurônio faz com as milhares de mensagens de "SIM" ou "NÃO" que recebe?

O neurônio tem uma atitude bem democrática. Ele soma as entradas; e só será estimulado a agir se as entradas excitatórias forem em maior número do que as inibitórias. Se ocorrer o contrário, ele não agirá.

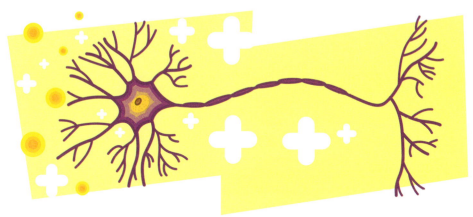

De uma forma simplificada, a transmissão sináptica envolve a conversão do impulso nervoso de natureza elétrica em uma mensagem química carregada por substâncias neurotransmissoras, e novamente transformada em impulso elétrico, já na célula pós-sináptica.

A capacidade de processamento do sistema nervoso provém da integração das milhares de sinapses que ocorrem simultaneamente em cada neurônio. O resultado final, em termos de neurônio pós-sináptico, dependerá da interação dos potenciais, dos sinais, produzidos por todas essas sinapses, em um processo conhecido como integração sináptica. Isso nos leva a um infinito de possibilidades.

A HISTÓRIA DOS NEURÔNIOS E DE DOIS CIENTISTAS

Camilo Golgi

Na história recente das neurociências, dois pesquisadores se empenharam em caracterizar as células do cérebro. Compartilharam um Premio Nobel em 1906: o prêmio de medicina e fisiologia daquele ano foi dividido igualmente entre o espanhol Santiago Ramón y Cajal e o italiano Camillo Golgi. Mas o prêmio compartilhado não resultou de uma parceria ou da colaboração entre eles. Ao contrário, mesmo diante desse reconhecimento da comunidade científica, discordaram mutuamente dos resultados das suas investigações e nunca tiveram um posicionamento em comum.

No século XIX, perguntava-se, como ainda se pergunta, como é que um tecido biológico participa do nosso pensar, resolve problemas, tem esperança e faz milhões de outras coisas. Naquela época os cientistas se perguntavam se todo esse fluxo de comunicação se dava em um sistema nervoso composto de uma teia única ou de células independentes.

O italiano Camillo Golgi desenvolveu uma coloração que impregnava as células com prata. Essa coloração, criada em 1872, tinha a propriedade de corar, entre os milhões de células em um bloco de tecido, somente algumas poucas, que por alguma razão acumulavam um precipitado de prata que delineava suas formas, permitindo a visualização completa de uma única célula. Mais de cem anos depois, essa técnica, utilizada ainda hoje, não tem uma explicação: não se sabe por que somente algumas poucas células nervosas do cérebro acumulam o precipitado de prata e se tornam visíveis. O que se sabe é que isso ocorre sempre.

CAPÍTULO III

Santiago Ramón y Cajal

Aplicando sua técnica, Golgi viu o encéfalo como um "sincício", ou seja, uma massa contínua de tecido que compartilhava um único citoplasma.

Poucos anos depois, em 1887, o espanhol Ramón y Cajal tomou conhecimento da técnica de coloração de Golgi e resolveu também se dedicar ao estudo histológico do sistema nervoso. Ao contrário do que defendia Golgi, Cajal observou que não havia continuidade, mas, sim, contiguidade entre as células cerebrais. Cajal viu células independentes, foi um dos primeiros a identificar os diferentes tipos de neurônios e fez magníficos desenhos das imagens que viu ao microscópio. Se você quiser, pesquise na internet o Museu Cajal e acesse esses belos desenhos.

Cajal observou que entre um neurônio e outro havia um espaço, uma fenda, isto é, que as extremidades dos axônios e dendritos não se tocavam. Ele viu, pela primeira vez, a sinapse, o que lhe permitiu fundamentar o que veio a se chamar de Doutrina Neuronal, por meio da qual, até hoje, entendemos como é formado e como funciona o sistema nervoso.

Golgi e Cajal viveram na mesma época, usaram a mesma técnica, compartilharam o mesmo Prêmio Nobel, mas viram coisas completamente diferentes e defenderam suas posições ferrenhamente, sem nunca terem construído uma aproximação teórica.

Ambos contribuíram muito para o que se tornou possível investigar na atualidade. Golgi descobriu uma técnica, Cajal pôde aplicá-la e viu algo que hoje continuamos vendo. Mas, misteriosamente, Golgi, companheiro de Cajal na premiação do Nobel, nunca pode ver o que ele viu.

Porém, além dessas contribuições, esses dois personagens da história das ciências também deixaram outro importante legado. Além das respostas que encontraram, renovaram dúvidas.

Diante do fato de que ambos viveram na mesma época, usaram a mesma técnica, defrontaram-se com a mesma imagem e não viram a mesma coisa, surgem inúmeras questões que podem inspirar e instigar os educadores.

O que haveria nos olhos deles que facilitava ou impedia a visão? Teria sido um acaso ou uma predestinação? Será que vemos só o que queremos ver? Precisamos ver para acreditar ou só vemos aquilo em que já acreditamos?

A revolução que Cajal provocou já estava nele e só se manifestou? Ele já acreditava no que veio a observar ou sua visão foi se construindo à medida que sua pesquisa evoluía?

Afinal, como se constrói o conhecimento? Como o cérebro e as Inteligências se relacionam com o meio externo?

Poderíamos dizer que o que Golgi "não viu" se deve à sua formação, às suas convicções pré-definidas, que podemos chamar de "pré-conceitos". Talvez tivesse um caráter mais conservador, somado à preocupação de manter o *status* da posição conquistada como autoridade reconhecida no meio acadêmico exatamente por praticar aquilo que praticava. "Ver" outra coisa seria romper com tudo isso.

Talvez a descoberta de Cajal se deva ao seu caráter declaradamente inquieto e revolucionário, como médico, pesquisador e artista plástico. Talvez se sentisse mais livre ou tivesse somente um gosto pessoal em contrariar o *status quo*. Poderíamos também considerar seu olhar e sensibilidade de artista, que lhe permitiram não só ver o que viu, mas também se maravilhar com a visão.

Ou será que o debate não se solucionou pelo simples fato de um ser italiano e o outro espanhol – culturas que tradicionalmente são reconhecidas pelo "sangue quente e teimosia"?

SÃO SÓ CONJETURAS. O QUE SE PODE MESMO DIZER EM RELAÇÃO AO LEGADO DE DÚVIDAS HERDADO DE GOLGI E CAJAL, É QUE TEMOS MUITA INQUIETAÇÃO, VÁRIAS HIPÓTESES, E POUCAS TEORIAS. E POR ISSO SEGUIMOS.

NEUROTRANSMISSORES
OS MENSAGEIROS DO CÉREBRO

Os neurotransmissores são substâncias liberadas pelos neurônios na fenda sináptica, e captados por receptores de outros neurônios, quando ocorre a transmissão sináptica -- a passagem do impulso nervoso de um neurônio para outro. Promovem respostas excitatórias ou inibitórias, de acordo com a propriedade funcional do neurotransmissor e do terminal pós-sináptico.

Para que uma substância seja considerada um neurotransmissor, é preciso que ela atenda a quatro critérios de identificação:

- a substância deve ser sintetizada no neurônio ou estar presente nele.
- ao ser liberada, a substância deve produzir alguma resposta na célula-alvo.
- a mesma resposta deve ser obtida quando a substância química é colocada experimentalmente na célula.
- deve existir um mecanismo remoção depois que a substância química tiver produzido seu efeito.

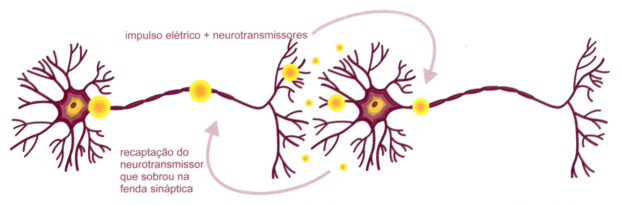

Já foram identificadas cerca de 50 substâncias que agem como neurotransmissores participantes do processo de comunicação entre os neurônios. Porém, as pesquisas nessa área vêm avançando intensamente e apontam para cerca de 100 substâncias que atuam como transmissores.

Identificou-se também outro tipo de substância atuante nas sinapses, os neuromoduladores, que influenciam a ação do neurotransmissor. Para que a sinapse funcione, os dois neurônios envolvidos (pré e pós sináptico) mantêm um complexo sistema de síntese e armazenamento de substâncias. Um mesmo neurônio pode armazenar e interagir com mais de um tipo de neurotransmissor. Essa complexidade gera um número praticamente infinito de combinações de neurotrasmissores e receptores.

QUAL A FUNÇÃO DE TANTAS COMBINAÇÕES DE NEUROTRANSMISSORES E NEUROMODULADORES?

Todas essas possibilidades de sinapses estão intimamente relacionadas com nossos pensamentos, sentimentos e comportamentos, e apontam para infinitas possibilidades.

CAPÍTULO IV

COMO O CÉREBRO APRENDE

NEUROCIÊNCIAS E APRENDIZAGEM

Há um estreito vínculo entre as neurociências e a compreensão dos processos de aprendizagem:

- o cérebro tem capacidade ilimitada de aprendizagem e pode se renovar;
- o cérebro se modifica em função da atividade física, do treino mental, e de todas as experiências ao longo da vida.

QUAL É A RELAÇÃO ENTRE AS NEUROCIÊNCIAS E OS PROCESSOS DE APRENDIZAGEM?

Em uma cena ocorre um acidente de moto. O motociclista, por não usar o capacete, sofre uma fratura de crânio e perde tecido cerebral. Provavelmente terá um longo processo de recuperação, com a gradativa, e possivelmente incompleta, restauração das funções atingidas. Alguém que passa pelo local no momento do acidente se impressiona com a gravidade dos ferimentos do motociclista e nunca mais se esquece da cena. Uma outra pessoa lê a notícia sobre o que ocorreu com aquele motociclista que não usava capacete e se convence de que é melhor passar a usá-lo.

VOCÊ CONSEGUE IMAGINAR O QUE ACONTECEU COM O CÉREBRO DESSAS PESSOAS?

Nessas três situações há um ponto em comum: o cérebro das três pessoas respondeu aos estímulos do ambiente externo. A primeira sofreu uma lesão, a testemunha teve uma forte impressão emocional e grava a cena na memória, e a terceira pessoa modificou seu comportamento em razão das informações a que teve acesso. Esse é o fenômeno da neuroplasticidade, denominação dada às capacidades adaptativas do sistema nervoso, especialmente dos neurônios, às condições e experiências de cada indivíduo.

A ciência vem demonstrando que a aprendizagem é a chave do progresso e do desenvolvimento humano. Porém, os modelos de educação que temos praticado não estão orientados para conhecermos nosso cérebro e nossa mente, e compreender como a aprendizagem os transforma.

É importante que o educador disponha de métodos que permitam desenvolver maior conhecimento, compreensão e respeito por nós mesmos e pelos outros. As neurociências podem contribuir para um entendimento mais amplo sobre as relações entre mente, cérebro, corpo, comportamentos e o mundo externo.

NEUROPLASTICIDADE

Nossa evolução acontece conforme as necessidades de novas aprendizagens e as consequentes adaptações do sistema nervoso, decorrentes da capacidade de modificar sua organização estrutural e seu funcionamento.

Essas propriedades correspondem ao fenômeno da plasticidade, isto é, a possibilidade de os neurônios transformarem sua forma ou função, de modo prolongado ou permanente, em decorrência de uma ação do ambiente externo, ou seja, das nossas experiências.

Em razão dos impulsos nervosos que percorrem o sistema nervoso, a plasticidade cerebral ocorre ao longo de toda a nossa vida, e dela depende todo o processo de aprendizagem.

SERÁ QUE AS EXPERIÊNCIAS DE UMA PESSOA AO LONGO DA VIDA PROVOCAM ALTERAÇÕES DURADOURAS NAS SINAPSES?

O fenômeno da plasticidade corresponde à possibilidade de os neurônios transformarem sua forma ou função, de modo prolongado ou permanente, em decorrência de uma ação do ambiente externo, ou seja, das nossas experiências.

O sistema nervoso modifica sua organização estrutural e funcional em resposta às nossas experiências, desde lesões traumáticas destrutivas até os processos de aprendizagem e memória. É um fenômeno constante e marcante, que ocorre em todos os momentos da nossa vida.

Há várias formas de plasticidade:

- Neurogênese: ocorre em razão do nascimento de novos neurônios.

- Neuroplasticidade do desenvolvimento: compreende vários e complexos estágios, a fim de permitir o natural desenvolvimento do cérebro

- Neuroplasticidade após lesão cerebral: ocorre pela autorreparação nos tecidos cerebrais em função de reabilitação específica.

- Neuroplasticidade decorrente das experiências de vida: o cérebro se reorganiza para atender aos nossos desafios e aprendizagens, e modifica as conexões neurais, fixando-as na memória.

CAPÍTULO IV

- Neuroplasticidade intencional: recentes pesquisas estão demonstrando o quanto podemos provocar as transformações anatômicas e funcionais do cérebro de forma intencional, atividades específicas, como a meditação

O grau de plasticidade varia conforme a idade. No período de desenvolvimento o sistema nervoso é mais plástico, já que tudo está em construção. Na infância, há uma fase durante a qual a influência do ambiente é altamente relevante para o estabelecimento das características fisiológicas e psicológicas do indivíduo. São os chamados períodos críticos.

Na idade adulta, outros mecanismos entram em ação. De qualquer forma, sempre que falamos em plasticidade, estamos nos referindo a um processo de modificação provocado no sistema nervoso de tal intensidade que impressionou inclusive os primeiros neurocientistas que se dedicaram a estudar esse assunto.

O que se sabe é que, em virtude das condições ambientais e as nossas próprias experiências, podem provocar mudanças morfológicas: novos circuitos se formam pela alteração das fibras nervosas; novas configurações da árvore dendrítica do neurônio se apresentam; ou há alteração do número de células de uma determinada região cerebral. Em outros casos, identificam-se correlatos funcionais, ou seja, modificações das atividades sinápticas de um determinado circuito ou grupo de neurônios.

Tem sido demonstrado, por meio das técnicas de neuroimagem que mapeiam regiões funcionalmente ativas do cérebro, que as regiões linguísticas de pessoas surdas que utilizam linguagem de sinais são bens diferentes em sua organização e extensão, das mesmas regiões em pessoas que não são surdas, que os cegos têm suas áreas visuais ativadas quando submetidos a estimulação auditiva e quando realizam leitura em Braille, e até que violinistas muito treinados desde a infância possuem maior representação cortical dos dedos da mão esquerda.

NEUROCIÊNCIAS E EDUCAÇÃO

A PLASTICIDADE PODE SER BENÉFICA OU NÃO.

No final do século XX, os americanos Edward Taub e Michael Merzenich identificaram as causas do fenômeno denominado "membro fantasma", causador de tanto sofrimento em pessoas que passam por algum tipo de amputação. Muitas dessas pessoas seguiam com a sensação de dor em um membro que não mais existia. Os tratamentos variavam, mas não surtiam efeito.

O que se identificou, por meio de registro eletrofisiológico e imagens funcionais por ressonância magnética, é que parece existir uma forte correlação entre o grau de reorganização cortical após a amputação e a intensidade da dor fantasma – não se trata de um fruto da imaginação, e sim do produto de um cérebro que muda com a nova realidade, mas não esquece suas imagens passadas.

Na década de 1940, Donald Hebb, um psicólogo canadense, propôs uma teoria para a aprendizagem com base na plasticidade sináptica. Em seu livro *The Organizations of Behavior (A Organização do Comportamento)*, sugeriu que no processo de aprendizagem deveriam ocorrer alterações nas sinapses. Na época em que ele propôs essa ideia, não existiam meios para testá-la. Sua teoria permaneceu sem grande repercussão durante trinta anos, até que neurocientistas passaram a identificar fenômenos comportamentais e celulares que poderiam ser explicados por ela, e encontraram meios de demonstrá-los.

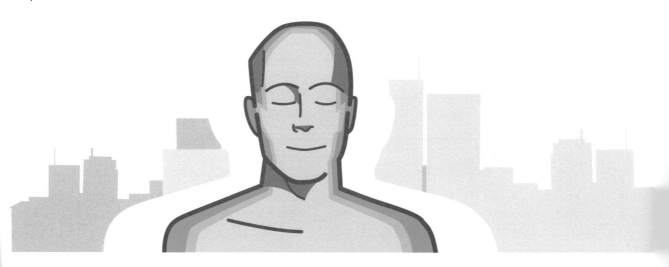

CAPÍTULO IV

Atualmente a noção de memória se tornou muito mais complexa, mas os fenômenos descritos por Hebb podem ser identificados em diversas circunstâncias. Tratam-se dos fenômenos de habituação, sensibilização e condicionamento clássico.

A habituação ocorre quando a resposta ao estímulo diminui com a sua repetição, ou este até se torna inócuo. É quando nos habituamos a alguma coisa ou situação. Se você vive no campo e se muda para a cidade, acha tudo muito barulhento. Mas com o tempo, deixa de perceber a maior parte dos ruídos, porque se habitua a eles. Ou quando compra um sapato novo: ao calçá-lo você o "sente" nos pés por algum tempo, mas logo não o nota mais e é como se você não estivesse calçado. Isso não significa que você ficou surdo nem que seus pés estão insensíveis. Você conseguirá ouvir se alguém falar com você no meio da cidade, e vai sentir se pisarem no dedão do seu pé. São as sensações rotineiras que o cérebro aprendeu a separar. Ficamos quase insensíveis à rotina e àquilo com que nos habituamos.

A sensibilização é resultado de uma aprendizagem em que uma resposta aumenta quando precedida de algum sinal de aviso. Ou seja, é o oposto da habituação. Um estímulo muito forte faz o organismo reagir, e este fica avisado que outros estímulos podem surgir – assim, qualquer que seja o estímulo seguinte, mesmo que seja suave, provocará igual reação.

O condicionamento clássico, similar ao reflexo condicionado descrito por Pavlov, corresponde à associação de um estímulo forte a um único tipo de estímulo inócuo. Quando este último é aplicado sozinho, passa a ser eficaz em provocar a mesma resposta obtida em relação ao estímulo forte. É um processo que produz o surgimento e a modificação de alguns comportamentos com base no binômio estímulo-resposta sobre o sistema nervoso.

NEUROCIÊNCIAS E EDUCAÇÃO

É importante observar o impacto desse fenômeno nos processos educativos. Será que as atividades rotineiras da escola não estão produzindo mais a habituação e o condicionamento do que a aprendizagem?

Sem dúvida, é inevitável e importante estabelecer alguns bons hábitos, mas o processo de aprendizagem depende da permanente renovação do interesse e da curiosidade, que alavancam novas descobertas. E isso não se dá pela habituação.

> *Será que as atividades rotineiras da escola não estão produzindo mais a habituação do que a aprendizagem?*

NEUROCIÊNCIAS E EDUCAÇÃO

Diante dessas evidências, cabe indagar: que tipo de neuroplasticidade os educadores estão provocando no próprio cérebro e nos cérebros dos estudantes? Estão alertas sobre os estímulos aos quais são submetidos e submetem os outros de forma repetida e cotidiana? Estão conscientes da sua responsabilidade sobre isso?

Essas são questões relevantes, cujas respostas ainda estão sendo construídas. O fato de não sabermos responder deve impulsionar nossos esforços de compreensão, pois nossa sobrevivência futura depende da formulação e da adaptação a um novo modo de ser e agir no mundo, ou seja, depende também de uma neuroplasticidade intencional.

A CAPACIDADE DE APRENDER

Nossa aprendizagem se compõe de aspectos que compartilhamos com as outras pessoas e de outros que são pessoais e individuais:

- a biologia do cérebro dos indivíduos da mesma espécie;
- aquilo que nos faz seres humanos;
- a biologia do cérebro individual;
- a experiência pessoal;
- a experiência das outras pessoas;
- o tempo histórico em que se vive;
- o contexto enriquecido ou empobrecido.

Esses fatores direcionam as preferências e as aversões da pessoa em relação àquilo que ela pode aprender.

Dos 26.000 genes que dão forma ao corpo humano, cerca de 13.000 estão vinculados ao cérebro e ao sistema nervoso, e algumas centenas estão relacionadas à capacidade de aprendizagem.

A cada segundo ocorrem cerca de 1 milhão de sinapses no cérebro, ou seja, são 3.600 milhões por hora.

A aprendizagem corresponde a uma nova organização dos neurônios no cérebro, que formam uma via, uma espécie de avenida por onde circulam as informações através das sinapses. Ou seja, a cada coisa nova que aprendemos, ocorre uma modificação no cérebro.

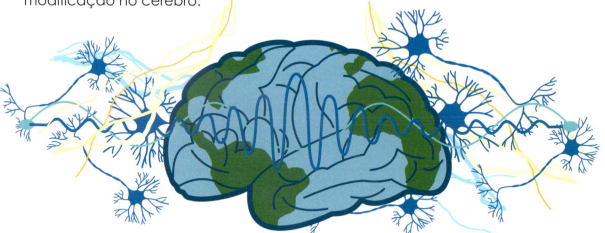

A APRENDIZAGEM PODE OCORRER DE FORMA IMPLÍCITA OU EXPLÍCITA:

IMPLÍCITA: ocorre de forma automática, acionando uma atenção não seletiva. Aprendemos sem perceber que estamos aprendendo – é o que acontece com aquela pessoa que, no nosso exemplo, presenciou o acidente de carro. É uma aprendizagem emocional, algo que se aprende sem perceber, e dificilmente se esquece. Por essa razão, algumas experiências emocionais pelas quais passamos na infância podem determinar muitos aspectos de nossa vida futura.

EXPLÍCITA: acontece de forma voluntária e consciente, decorrente de uma atenção seletiva e sustentada. É importante verificar que essa aprendizagem requer esforço e dedicação; nos dedicamos por muito tempo e percebemos o quanto essa aprendizagem muitas vezes é difícil de recordar e fácil de esquecer.

A APRENDIZAGEM COGNITIVA É UM FENÔMENO COMPLEXO, QUE ENVOLVE MUITAS ÁREAS DO CÉREBRO.

A aprendizagem sempre envolve aspectos emocionais. Quanto maior a intensidade da emoção, mais rápida é a fixação automática e implícita; não requer esforço, produz pouco gasto energético e dificilmente se perde no tempo. Uma emoção muito rapidamente pode ficar gravada pelo resto da vida.

Já a aprendizagem intelectual se volta para o aprendizado sobre o conhecimento do mundo externo. É um tipo de aprendizagem que se caracteriza por um lento processo. É fácil de esquecer e requer alto consumo de energia pois demanda esforço consciente (atenção seletiva e sustentada) e repetição constante. Daí a relevância de associar os aspectos emocionais e intelectuais nos processos de aprendizagem.

Para realizar uma nova aprendizagem, acionamos todo o cérebro de forma sistêmica, em redes. Por outro lado, para recuperar uma aprendizagem velha, já conhecida, acabamos acionando somente a área cerebral necessária para realizar aquela ação. Quanto mais repetimos aquela mesma aprendizagem, mais o cérebro reduz o número de neurônios envolvidos com aquela atividade. Isso nos permite dispor de recursos para novas aprendizagens, mas também nos faz perceber os riscos de uma educação centrada no treinamento e na repetição.

É importante que o educador perceba as relações entre a aprendizagem, as emoções, o esforço cognitivo e a necessidade de manutenção dessa atividade sistêmica no cérebro, sem repetir padrões de aprendizagem, que acionam sempre os mesmos circuitos já estabelecidos, reduzindo a capacidade de criar novas redes sinápticas – ou seja, não desenvolvendo a capacidade de aprender.

APRENDIZAGEM E MEMÓRIA

Há uma estreita relação entre aprendizagem e memória. Uma não existe sem a outra. Para que serviria aprender, se não fosse possível memorizar essa aprendizagem e deixá-la disponível no futuro?

Por outro lado, de nada serviria dispor de memória, se não fosse possível alimentá-la com novos registros de aprendizagens.

Para produzir a aprendizagem, nosso cérebro processa informações emocionais e cognitivas.

Ainda há muito para se pesquisar sobre a nossa memória e a capacidade de armazenamento, mas está claro que esse processo ocorre em múltiplas áreas corticais, que correspondem a diferentes tipos de memória.

Algumas áreas se desenvolvem em sistemas de conhecimento que surgem das memórias linguísticas, visuoespaciais ou motoras. Outras regiões do cérebro armazenam informações a respeito de experiências emocionais, e ainda para unidades de memória maiores, como completar um projeto ou escrever um livro.

Portanto, aprendizado e memória não estão limitados a um único sistema neural ou processo.

Existem múltiplos sistemas de memória, espalhados por diferentes áreas cerebrais, com conexões e vias que podem interconectá-las. Por essa razão, podemos falar em sistemas de memória. Materiais didáticos que usam analogias visuais e pessoais, esquemas visuais que mostram como conceitos verbais se relacionam espacialmente uns com os outros e atividades que implementam passos de resolução de problemas oferecem oportunidades para o envolvimento de sistemas múltiplos de memória. Estudantes que se monstram fracos em um fluxo de processamento de memória podem facilmente compensar isso quando outros modos de processamento estão disponíveis.

HÁ DIFERENTES TIPOS DE MEMÓRIA:

SEMÂNTICA: corresponde ao conjunto de informações que vamos retendo ao longo da vida e que não nos lembramos onde e como aprendemos. É uma memória compartilhada social e culturalmente. Por exemplo, sabemos responder à pergunta "quem descobriu o Brasil?", mas não nos lembramos como aprendemos.

EPISÓDICA: diz respeito à trajetória pessoal de cada um e às experiências que vão sendo registradas. Lembramos da festa de aniversário, do presente ou da cor do papel em que estava embrulhado e de outros tantos registros da nossa vida.

Essas memórias podem ser de curto ou longo prazo, dependendo do tempo em que estão armazenadas. Porém, nas últimas décadas, identificou-se um outro tipo de memória – aquela que nos permite reunir um conjunto de informações enquanto são necessárias para compor uma ação: é a memória operacional ou de trabalho. Por exemplo, retemos um novo número de telefone na memória durante alguns poucos segundos, só o necessário para fazer a ligação.

É a memória operacional que nos permite buscar os registros das memórias semântica, episódica, de curto e longo prazo, agregá-los às novas informações e reunir tudo isso em um determinado momento.

TODO ESSE SISTEMA INTERAGE COM A APRENDIZAGEM:

NEUROCIÊNCIAS E EDUCAÇÃO

Podemos dizer que a aprendizagem envolve quatro etapas distintas:

- ignorar: é a ignorância da ignorância, pois não sei que não sei algo;
- conhecer;
- compreender;
- saber utilizar o conhecimento na prática.

É importante que essas etapas sejam conhecidas tanto por estudantes como por professores, para que cada um possa compreender as dificuldades com as quais ele mesmo e os outros terão de lidar ao longo do processo de aprendizagem.

A trajetória por essas etapas vai modificando o cérebro e o sistema nervoso dos aprendizes, imprimindo registros que acompanharão aquele indivíduo por toda a sua vida. Essas constatações compõem as dimensões de responsabilidade da escola e dos educadores.

Com o tempo, tudo o que é aprendido cognitivamente se transforma em uma espécie de automatismo. É dessa maneira que a aprendizagem consciente se torna novamente disponível para novos aprendizados. É como se, permanentemente, nossa capacidade cognitiva se esvaziasse para poder voltar a se preencher.

SISTEMAS ATENCIONAIS

A atenção pode ser entendida como uma espécie de filtro dos estímulos, que nos permite avaliar o que é relevante e estabelecer prioridades para um processamento mais profundo, como uma espécie de mecanismo que controla e regula os processos cognitivos.

O sistema atencional envolve diferentes aspectos e níveis de atenção:

ATENÇÃO SELETIVA: processar seletivamente determinados estímulos (externos ou internos) em detrimento de outros.

ATENÇÃO DIVIDIDA: compartilhar nossos recursos atencionais, tornando possível a execução simultânea de mais de uma tarefa.

ATENÇÃO SUSTENTADA: manter uma eficácia atencional adequada a um desempenho de longa duração, em que os estímulos a que se deve reagir são pouco frequentes ou extremamente frequentes.

ESTADO DE ALERTA: o alerta atencional é uma preparação para uma determinada tarefa e constitui o primeiro aspecto fundamental da atenção.

MECANISMOS INIBITÓRIOS: viabilizam a exclusão dos estímulos que não interessam ao objetivo atual.

NEUROCIÊNCIAS E EDUCAÇÃO

PERCEPÇÃO E FUNÇÕES VÍSUOESPACIAIS

Nossa percepção se constitui de um conjunto de processos que utilizam nosso conhecimento prévio para reunir e interpretar os estímulos registrados pelos nossos sentidos. Trata-se de uma combinação de estímulos do mundo exterior e do mundo interno (conhecimento prévio). Por meio desses conjuntos de processos é que reconhecemos, organizamos e entendemos as sensações que recebemos dos estímulos ambientais.

A percepção está relacionada a outros processos mentais, tais como a memória, a atenção e outras funções cognitivas que podem interferir na interpretação dos estímulos percebidos. Entre as diferentes percepções associadas aos sentidos, a visual é o resultado final da visão como um todo; ela depende da capacidade de detectar a luz e também de interpretar – é este conjunto de processos que nos permite "ver" o estímulo luminoso de forma estética e coerente.

A cognição espacial corresponde à capacidade de um indivíduo de perceber as relações espaciais entre os objetos, de lidar com as noções de profundidade, solidez e distância. Essa capacidade cognitiva está intimamente correlacionada com a percepção espacial, o resultado final da organização e da integração de diversos estímulos sensoriais, que fornecem à consciência um panorama geral acerca das formas do meio externo entre si e suas relações espaciais.

A percepção, ou seja, o processamento dos estímulos capturados pelos sentidos, inclui consciência, reconhecimento, discriminação, padronização e orientação. Isso requer o envolvimento de diferentes áreas do cérebro e reforça o entendimento sobre seu funcionamento de forma sistêmica e integrada.

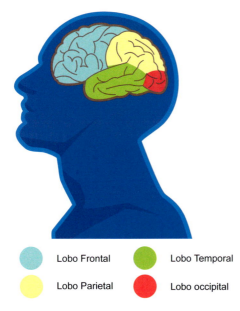

Lobo Frontal
Lobo Parietal
Lobo Temporal
Lobo occipital

- **LOBO FRONTAL:** área motora responsável pelo planejamento e pela execução dos atos motores voluntários. Nele estão incluídos o córtex motor e o córtex pré-frontal.
- **LOBOS PARIETAIS:** envolvidos na recepção e no processamento das informações sensoriais.
- **LOBOS TEMPORAIS:** relacionados a memória, audição, processamento e percepção de informações sonoras, capacidade de entender a linguagem e processamento visual de ordem superior.
- **LOBOS OCCIPITAIS:** especializados no processamento e na percepção visual.

NEUROCIÊNCIAS E EDUCAÇÃO

CAPÍTULO IV

BASES NEUROLÓGICAS DA LINGUAGEM E ESCRITA

Em 1861, Pierre Paul Broca descreveu o caso de um paciente que era capaz de entender o que se dizia a ele, mas era incapaz de falar. Em 1876, o neurologista alemão Carl Wernicke publicou um trabalho em que descreveu um distúrbio da compreensão, e não da execução. Ou seja, enquanto o paciente de Broca podia entender, mas não conseguia falar, o paciente de Wernicke podia falar, mas não compreendia a fala – nem mesmo o que ele próprio dizia.

Em virtude dessas descobertas, as áreas do cérebro relacionadas à linguagem são identificadas como áreas de Broca e Wernicke:

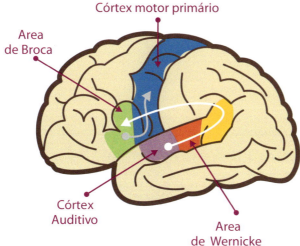

ÁREA DE BROCA:

- responsável pelo planejamento e formação de palavras individuais e de frases;
- trabalha em intensa conexão com a área de Wernicke.

ÁREA DE WERNICKE:

- área da compreensão da linguagem;
- recebe informações de todas as outras áreas interpretativas como visuais, auditiva e sensorial – quase toda a nossa experiência sensorial é convertida em seu equivalente linguístico antes de ser armazenada como memória.

É assim que uma pessoa consegue compreender as palavras quando são ouvidas, lidas, sentidas através do tato, ou só pensadas.

Quando lemos uma revista, não armazenamos as palavras como imagens visuais impressas, mas, sim, a própria palavra ou o pensamento que ela transmite sob a forma de linguagem.

EXEMPLO 1: para falar uma palavra ouvida, acionamos a área auditiva primária (1), compreendemos o significado daquele som na área de Wernicke (2), processamos a formação da palavra na área de Broca (3), e finalmente enviamos um impulso ao córtex motor (4) para emitir o som da palavra.

falando palavra ouvida

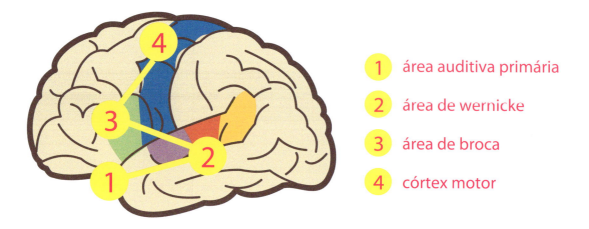

EXEMPLO 2: para falar uma palavra escrita, acionamos a área visual primária(1) que "vê" a palavra, enviamos para a área de Wernick(2) para compreendê-la, daí para a área de Broca(3), que formata a palavra que será falada e finalmente envia o estímulo ao córtex motor (4) para que a palavra seja enunciada.

falando palavra escrita

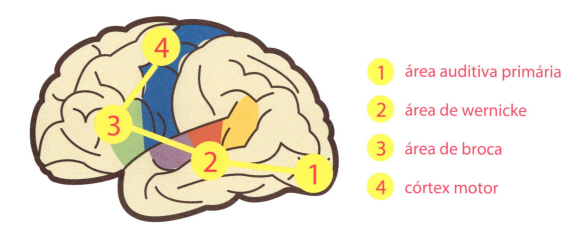

Quando ocorre uma lesão nessa área do cérebro, o individuo não consegue entender o que fala, ouve e lê, e até mesmo o que pensa, e tem grandes dificuldades para realizar essas funções.

CAPÍTULO IV

DISTÚRBIOS, TRANSTORNOS, E DIFICULDADES DE APRENDIZAGEM

É importante diferenciar distúrbios, transtornos e dificuldades de aprendizagem. Diagnósticos ou rótulos equivocados acabam produzindo situações em que muitas vezes as crianças são ignoradas ou maltratadas, e suas dificuldades acabam não recebendo a abordagem adequada. Porém, essa diferenciação ainda é foco de muitos debates e nem sempre há consenso sobre a classificação a seguir.

Um distúrbio de aprendizagem remete a uma doença. A definição do National Joint Comittee for Learning Disabilities (Comitê Nacional de Dificuldades de Aprendizagem), nos Estados Unidos da América, estabelece que:

> *Distúrbio de aprendizagem é um termo genérico que se refere a um grupo heterogêneo de alterações manifestas por dificuldades significativas na aquisição e uso da audição, fala, leitura, escrita, raciocínio ou habilidades matemáticas. Estas alterações são intrínsecas ao indivíduo e presumivelmente devidas à disfunção do sistema nervoso central.*

Em relação aos transtornos específicos do desenvolvimento das habilidades escolares, a Organização Mundial de Saúde coloca que:

> *(...)são transtornos nos quais os padrões normais de aquisição de habilidades são perturbados desde os estágios iniciais do desenvolvimento. Eles não são simplesmente uma consequência de uma falta de oportunidade de aprender nem são decorrentes de qualquer forma de traumatismo ou de doença cerebral adquirida. Ao contrário, pensa-se que os transtornos originam-se de anormalidades no processo cognitivo, que derivam em grande parte de algum tipo de disfunção biológica.*

Os transtornos de aprendizagem são decorrentes de imaturidade do desenvolvimento e/ou disfunção psiconeurológica, sendo diagnosticados quando o desempenho de indivíduos submetidos a testes padronizados de leitura, matemática ou expressão escrita está significativamente abaixo do esperado para a idade, a escolarização e o nível de inteligência.

O maior contingente de estudantes não se enquadra nas duas situações anteriores e apresenta dificuldades de aprendizagem tais como atrasos no desempenho escolar por falta de interesse, perturbação emocional, inadequação metodológica ou mudança no padrão de exigência da escola.

É muito importante que o educador compreenda as diferenças entre distúrbios, transtornos e dificuldades, para que possa oferecer a abordagem adequada a cada criança individualmente.

NEUROCIÊNCIAS E EDUCAÇÃO

CAPÍTULO V

FUNÇÕES EXECUTIVAS E COGNIÇÃO

Função executiva é um conceito formulado nas últimas décadas com base em um paradoxo: passou-se a investigar como é que algumas pessoas manifestavam graves alterações de comportamento e personalidade, mas ao mesmo tempo mantinham desempenho normal ou superior em testes cognitivos.

Os estudos concluíram que não basta os domínios cognitivos estarem intactos como módulos independentes, e sim é preciso que funcionem conjuntamente a serviço de um propósito de ação.

É dessa dissociação entre capacidades cognitivas e aplicadas que emerge o conceito de função executiva: o conjunto de operações mentais que organizam e direcionam os diversos domínios cognitivos para que funcionem de forma conjunta e sistêmica, integrados aos propósitos de curto, médio e longo prazos do indivíduo.

A HISTÓRIA DE PHINEAS GAGE

O primeiro caso a chamar a atenção para essa contradição entre comportamentos e desempenho cognitivo foi o de um rapaz chamado Phineas Gage, que viveu nos Estados Unidos em meados do século XIX.

Aos 25 anos, Gage trabalhava como operário na construção de uma ferrovia. Ao socar pólvora com uma barra de ferro, sofreu um acidente provocado pela explosão. Foi atingido pela barra de ferro, que tinha 1 m de comprimento, 30 mm de diâmetro e pesava 6 kg. Ela transpassou sua cabeça de baixo para cima com a mesma velocidade de um projétil de arma de fogo, destruindo grande parte do lobo frontal esquerdo, deixando-o cego do olho esquerdo e com o rosto paralisado nesse mesmo lado.

Sua recuperação, que a princípio parecia um milagre, foi se transformando em pesadelo. O médico John Harlow, que o acompanhou durante anos, descreveu o que aconteceu. Ao tentar recuperar sua rotina, Gage passou a apresentar alterações de personalidade das quais jamais se recuperou. De pessoa equilibrada que era, passou a ser descrito pelos companheiros como volúvel, irreverente, capaz de proferir as maiores obscenidades, manifestando pouca deferência pelos colegas, impaciente quando advertido ou contido se isso entrasse em conflito com seus desejos. Parecia uma criança em capacidade e manifestações intelectuais, dotado das paixões de um homem forte. Sua mente mudou tanto e de modo tão radical que seus amigos e conhecidos dizem que ele havia deixado de ser Gage.

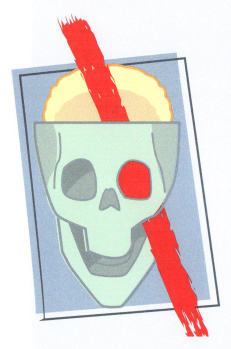

Ninguém mais conseguia conviver com ele. Desempregado, Gage viajou com sua barra de ferro exibindo-se como curiosidade. Morreu anos depois, junto da família. Naquela época, Harlow não conseguiu identificar o que havia ocorrido com Gage, mas sabia que algo importante estava por traz daquela transformação. Solicitou à família permissão para exumação do corpo. Graças ao seu empenho, o crânio de Gage e a barra de ferro que havia sido enterrada com ele podem ser vistos no Museu Médico da Universidade de Harvard.

Um século depois, esta história foi revivida em artigo de dois neurocientistas, Paul Eslinger e Antonio Damasio, em que apresentam o caso de um homem que, após a remoção cirúrgica de um tumor cerebral, desenvolveu alterações similares ao que havia ocorrido com Gage.

O elemento comum a esses dois casos consiste na dificuldade dessas pessoas quando buscam aplicar suas capacidades cognitivas às situações da vida. Ou seja, não basta que os domínios cognitivos estejam intactos como módulos independentes, é preciso que funcionem conjuntamente, a serviço de um propósito de ação.

É dessa dissociação entre capacidades *cognitivas* e *aplicadas* que emerge o conceito de função executiva: o conjunto de operações mentais que organizam e direcionam os diversos domínios cognitivos para que funcionem de forma conjunta e sistêmica, integrados aos propósitos de curto, médio e longo prazos do indivíduo.

CAPÍTULO V

SISTEMAS E FUNÇÕES COGNITIVO-EXECUTIVAS

Função executiva (FE) é um conceito neuropsicológico formulado nas últimas décadas, que corresponde a um conjunto de funções responsáveis por iniciar e desenvolver uma atividade com objetivo final determinado. Corresponde ao entendimento de que determinadas regiões do cérebro acionam sistemas necessários para executar algumas ações: levantar informações, organizar, formular planos, fixar objetivos, manter controle sobre circunstâncias em permanente mudança, antecipar possibilidades e modificar objetivos e planos.

Inclui a participação de vários processos cognitivos, tais como a atenção, a fluência e a flexibilidade do pensamento. É uma espécie de estrutura administrativa dos recursos cognitivo-emocionais, cujas principais tarefas são:

- estabelecer uma meta específica;
- determinar o início ou não desta tarefa;
- planejar as etapas de todo o processo;
- monitorar cada etapa comparando com o modelo proposto;
- alterar o modelo quando necessário;
- seguir ou interromper a proposta inicial;
- avaliar o resultado final em relação ao objetivo inicialmente determinado.

NEUROCIÊNCIAS E EDUCAÇÃO

O sistema funcional das FE inclui o desejo, o propósito, o planejamento, a execução de algo e o vislumbre sobre os resultados que a ação vai produzir. Ao mesmo tempo em que inibe as distrações, seleciona o que é relevante para aquele propósito, ou seja, envolve a flexibilidade, a inibição de estímulos não relevantes, flexibilidade de pensamento, o controle emocional, a capacidade de dar início à ação, a memória operacional, o planejamento, o automonitoramento e a organização dos recursos para que a ação de fato ocorra.

Esse sistema é acionado tanto para que uma pessoa consiga se levantar para ir buscar um copo d'água, como para realizar ações de extrema complexidade.

As funções executivas se encontram localizadas nas áreas mais evoluídas do cérebro humano, os lobos pré-frontais. São as últimas a amadurecer, usualmente no final da adolescência.

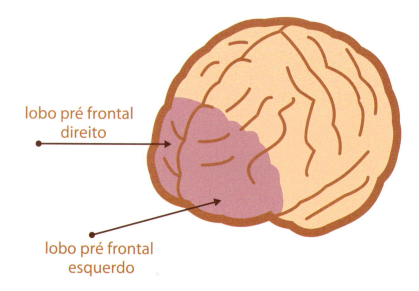

São essa áreas que estão intensamente envolvidas com os comportamentos que encerram um fator de expectativa, ou seja, que dependem de apreciação de ocorrências e monitoramento de eventos em pontos distintos no futuro.

As funções executivas se manifestam em ambientes que demandam criatividade, respostas rápidas a problemas novos, planejamento e flexibilidade cognitiva. Uma parte substancial das funções executivas consiste em desenvolver modelos mentais desses processos sobre "como", "porque" e "quando".

O desenvolvimento das funções executivas revela a progressiva transformação de uma abordagem do conhecimento centrada nos aspectos sobre "o que" e "onde", para o propósito de "como", "porque" e "quando" utilizar tal conhecimento em comportamentos dirigidos a metas.

Como identifico e organizo os passos para completar um projeto independente? Como devo verificar meu progresso, de modo a avaliar o quanto falta para fazer? Para que serve aprender isso? O que farei com isso na vida? Esses questionamentos revelam a ocorrência de processos fundamentais para a adaptação e as realizações humanas – indicam que a pessoa está se gerenciando como aprendiz, desenvolvendo uma consciência quanto ao seu próprio conhecimento, ou à falta dele, tentando saber como conseguir realizar seus vários objetivos usando habilidades executivas ou metacognitivas.

As funções executivas são modeladas por muitas influências, compreendem conjuntos de habilidades e conhecimentos, e podem ser ensinadas: começam com as interações entre pais e filhos, expandem-se muito nas brincadeiras, e florescem em atividades acadêmicas, sociais, culturais, esportivas e recreativas mais complexas.

As habilidades de funções executivas são incorporadas com estratégias específicas para a aprendizagem, implementando passos de autoinstrução, promovendo práticas colaborativas e independentes. Essas abordagens facilitam o desenvolvimento de habilidades autorregulatórias que auxiliam a criança a aprender, organizar e atingir metas, não apenas dentro da escola, mas por toda a vida.

Pais, educadores e neurocientistas podem e devem entender melhor e utilizar mais os sistemas múltiplos de memória, assim como promover o desenvolvimento de funções executivas elementares e avançadas em cada criança.

Funções executivas: conjunto de operações mentais que organizam e direcionam os diversos domínios cognitivos para que funcionem de forma conjunta e sistêmica, integrados aos propósitos de curto, médio e longo prazos do indivíduo.

FUNÇÕES EXCUTIVAS

PLANEJAMENTO
Trata-se da habilidade de lidar com demandas atuais, relacionando-as com metas e possibilidades futuras, gerando um plano de ação.
Ex.: uma pessoa deseja trocar de carro, então decide vender seu carro para reunir recursos para a nova compra, faz um levantamento sobre qual é o valor do seu próprio carro e quanto custa o novo, percebe que terá de fazer alguns reparos no seu carro para que não seja desvalorizado no momento de vendê-lo, mas para isso ficará sem carro durante alguns dias, e leva em conta que terá que alterar sua rotina durante os dias em que estiver sem o carro - tudo isso em função do seu objetivo que é comprar um carro novo.

AUTOMONITORAMENTO
Corresponde à habilidade de acompanhar a realização da ação, compará-la com o que foi planejado e com os objetivos finais, e alterar seu curso, caso seja necessário.
Ex.: tenho um trabalho para ser entregue e de tempos em tempos avalio o quanto já fiz e o que falta fazer.

CONTROLE EMOCIONAL
Trata-se da capacidade de modular as reações emocionais, algo muito relevante tanto para as relações interpessoais como para a realização de objetivos.

CONTROLE INIBITÓRIO
Trata-se da capacidade de parar o próprio comportamento quando apropriado ou necessário. É o oposto da impulsividade, a dificuldade para controlar ou inibir os próprios impulsos. É também um importante componente da capacidade de pensar antes de fazer, ou seja inibir o curso da ação para poder avaliar e ponderar se aquele é mesmo o melhor caminho de ação.

TOMADA DE DECISÃO
Corresponde à iniciativa, à habilidade de iniciar uma ação, de definir qual a melhor alternativa entre todas as possibilidades elencadas.

FLEXIBILIDADE
É a habilidade de alternar pontos de vista ou formas de encarar uma situação, experimentando perspectivas diferentes visando fazer as melhores escolhas.

METACOGNIÇÃO
Corresponde à capacidade de dirigir a compreensão e avaliar o que foi aprendido. Além da utilização de estratégias, é importante o conhecimento sobre quando e como utilizá-las, reconhecer sua utilidade, eficácia e oportunidade.

CAPÍTULO V

Nas últimas décadas, muito se tem investigado sobre aprendizagem em relação à cognição e à motivação, como dois aspectos determinantes na educação. Porém, a proliferação da tecnologia da informação, a mobilidade, a possibilidade de acessar informações em diferentes e simultâneas fontes, requerem o desenvolvimento da metacognição, ou seja, a capacidade de compreender e avaliar o conjunto de informações e aprendizagens.

ORGANIZAÇÃO DOS RECURSOS E DO ESPAÇO
Corresponde à habilidade de organizar as condições e recursos necessários visando facilitar a execução dos objetivos planejados.

MEMÓRIA OPERACIONAL OU MEMÓRIA DE TRABALHO
É um aspecto essencial para as funções executivas, pois se organiza como um conjunto de sistemas cognitivos que funcionam como um espaço de trabalho onde são mantidas as informações relativas ao objetivo a ser alcançado. Um exemplo disso é a memória de um número de telefone mantida somente enquanto é discado; esse número é logo esquecido.

DISCERNIMENTO ÉTICO E MORAL
Na parte frontal do cérebro, dispomos de neurônios dedicados a realizar sinapses com foco em aspectos éticos e morais, áreas do córtex envolvidas com a natureza da decisão, ou seja, as bases para uma ação que traga benefícios para si mesmo e para os outros.

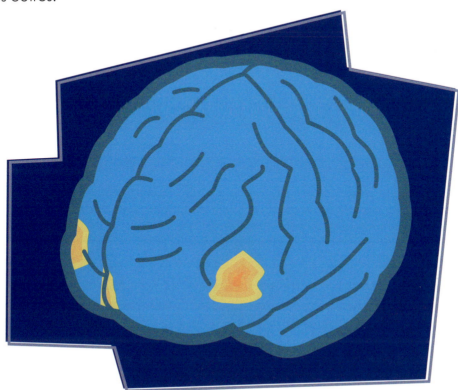

Estruturalmente, dispomos de áreas e vias de processamento dedicadas à construção do futuro e ao processamento de valores que resultam no nosso comportamento no mundo e nos permitem decidir sobre o curso de ações.

O córtex pré-frontal estabelece conexões com praticamente todo o encéfalo: tronco encefálico, hipocampo, amígdala, cerebelo, núcleos da base, núcleos talâmicos e todas as áreas corticais. É possível imaginar que uma região como essa, com um espectro tão grande de conexões, tenha grandes possibilidades de controle e coordenação geral das funções mentais e do comportamento.

Em seu livro *O Erro de Descartes*, Antonio Damásio afirma que

> *"A base neurofisiológica dessas estratégias adquiridas encontra-se entrelaçada com a do repertório instintivo, e não só modifica seu uso como amplia seu alcance. Os mecanismos neurais que sustentam o repertório suprainstintivo podem assemelhar-se, na sua concepção formal geral, aos que regem os impulsos biológicos e ser também restringidos por esses últimos. No entanto, requerem a intervenção da sociedade para se tronarem aquilo em que se tornam, e estão por isso relacionados tanto com uma determinada cultura como com a neurobiologia geral. Além disso, fora desse duplo condicionante, as estratégias suprainstintivas de sobrevivência criam algo exclusivamente humano: um ponto de vista moral que, quando necessário, pode transcender os interesses do grupo ou até mesmo da própria espécie."(Damásio, 1999)*

Dispor de um repertório suprainstintivo que nos permite desenvolver um ponto de vista centrado em valores acima de interesses pessoais, do próprio grupo, e da própria espécie significa uma imensa potencialidade altruísta algo que se sobrepõe aos comportamentos motivados, que nos aprisionam aos condicionamentos aprendidos com foco na recompensa imediata e na busca do prazer.

A identificação de uma região destinada ao processamento de valores amplia o entendimento sobre ética e moralidade. Essa pauta deixa de ser exclusivamente filosófica, política, pedagógica ou comportamental e se amplia para incluir a dinâmica neurofisiológica.

Estamos longe de solucionar os mistérios da relação cérebro/mente/consciência, mas saber um pouco mais pode auxiliar nos desafios da educação, da cultura de paz e da sustentabilidade.

AUTONOMIA E DÉFICIT DE ATENÇÃO

A Neuropsicologia considera que o funcionamento executivo viabiliza a autonomia das pessoas em relação ao seu ambiente. Ou seja, a pessoa não está somente à mercê dos eventos com os quais se relaciona, pois traz em si mesma condições para discernir, decidir e agir de forma autônoma, e não subordinada aos eventos do ambiente.

Fica mais fácil compreender a relevância dessa autonomia em relação aos estímulos do ambiente quando ilustrada pelo teste de interferência cor-palavra, ou teste de Stroop.

Esse teste consiste em duas etapas. Na primeira, os estímulos são círculos de quatro cores diferentes: amarelo, vermelho, verde e azul. Em seguida é apresentada a mesma sequência de cores, mas dessa vez em nomes de cores impressos em cores incongruentes. O tempo dispendido e o número de erros em cada etapa são anotados. O "efeito Stroop" é definido pelo tempo adicional para a pessoa realizar a segunda parte do teste.

VERMELHO	AMARELO	AZUL	VERDE
AZUL	VERDE	VERMELHO	AMARELO
AMARELO	VERMELHO	AZUL	VERDE
AMARELO	AZUL	VERDE	VERMELHO
VERDE	VERMELHO	AMARELO	AZUL
AZUL	VERMELHO	AMARELO	VERDE

A QUE SE DEVE O "EFEITO STROOP"?

Trata-se da dominância que a leitura escrita exerce sobre a denominação de cores em pessoas alfabetizadas. Ou seja, o estímulo sensorial da palavra escrita interfere na denominação da cor impressa. Para ter sucesso no teste, a pessoa precisa antes suprimir a tendência de ler a palavra escrita, o que se reflete no tempo adicional de processamento da segunda parte do teste.

Para dizer a cor das palavras, é preciso inibir o impulso imediato de ler as palavras, e isso demanda uma complexidade de processos:

- ver a imagem da palavra;
- identificar o propósito de não "ler" a palavra, e sim de dizer a sua cor, adequando as ações a esse objetivo;
- inibir o impulso de "ler" a palavra, pois isso atrapalha a consecução do objetivo da ação proposta;
- monitorar o erro, caso a palavra seja lida, e corrigi-lo;
- reconhecer a cor;
- falar a cor.

Para realizar todas essas atividades, há uma imensa ativação de redes neurais trabalhando de forma complexa e complementar.

Esse teste exemplifica a capacidade de suprimir a influência de certos estímulos do ambiente, conferindo à pessoa flexibilidade de pensamento e liberdade de escolha.

CAPÍTULO V

A demora em dizer a cor da palavra, tem vez de ler a palavra, indica o quanto nosso comportamento é mais determinado pelo ambiente do que pelo próprio discernimento e autonomia. Vale a pena treinar!

Outra forma de exemplificar essa função de discernimento e autonomia é a compreensão dos processos relacionados à síndrome do déficit de atenção, que tanto vem preocupando pais e educadores.

Essa síndrome repousa sobre três eixos:

- desatenção;
- hiperatividade motora;
- impulsividade comportamental.

A desatenção se caracteriza por erros recorrentes causados por: descuido, seja na escola ou no trabalho; dificuldade em manter o engajamento em deveres ou brincadeiras; recorrente abandono de tarefas ou atividades inacabadas; desorganização; preguiça mental; interrupção do curso da ação ou do pensamento por estímulos ambientais irrelevantes.

A hiperatividade e a impulsividade são manifestações acessórias, que se caracterizam por inquietude, dificuldade de permanecer sentado ou de esperar a vez, tagarelice e tendência de responder antes que as perguntas sejam concluídas.

Tudo isso se deve a um denominador comum: a elevada propensão a reagir aos estímulos ambientais. Essa propensão será diagnosticada como síndrome somente quando houver os indícios patológicos de redução da capacidade de autorregulação do indivíduo.

É irresponsável e leviano distribuir diagnósticos e medicar as crianças com base em qualquer comportamento irriquieto. Antes de cometer esse equívoco irreparável na vida de tantas crianças e jovens, é preciso avaliar e refletir sobre o contexto pessoal e o cenário de vida da criança.

Muitas pessoas consideram que estamos vivendo uma verdadeira epidemia de hiperatividade e déficit de atenção, e que isso se deve ao excesso de estímulos aos quais as crianças estão submetidas. Sem dúvida, nossa realidade vem se caracterizando por um imenso volume de estímulos de toda ordem. Porém, se considerarmos somente o ambiente como causa da hiperatividade e do déficit de atenção, então estaremos fadados a continuar convivendo com isso, pois nada indica que o cenário externo vai se transformar, no curto prazo.

Essa explicação, além de ineficaz, instala uma indesejável sensação de impotência ante um problema tão sério. O volume de estímulos pode se manter elevado, mas é possível lidar com eles de outra forma.

MINDFULNESS – A MEDITAÇÃO DA ATENÇÃO PLENA

A educação formal ou familiar deve incluir o desenvolvimento de processos de aprendizagem sobre aspectos relativos à nossa responsividade e impulsividade.

É possível aprender a subordinar a atenção à própria intenção, sem abandoná-la à mercê dos estímulos e distratores, sejam eles internos (pensamentos e emoções) ou externos (estímulos do ambiente). Quando esse discernimento se desenvolve, aprendemos a não responder impulsivamente a qualquer estímulo.

ATENÇÃO
É a função que aloca corretamente nossos recursos de processamento, enquanto reduz os distratores

CAPÍTULO V

Atenção é função que aloca corretamente nossos recursos de processamento, enquanto reduz os distratores. A pessoa se torna desatenta porque não consegue estabelecer um foco de atenção e sustentá-lo durante o tempo necessário para realizar algo. Esse é o estado que caracteriza o déficit de atenção, a hiperatividade e a impulsividade. Todos esses estados têm a mesma raiz: a dificuldade de sustentar a atenção de forma intencional.

O sistema atencional pode ser fortalecido com um tipo específico de treino mental, que recebe o nome de Meditação Mindfulness – termo em inglês que significa atenção ou consciência plena. Trata-se de uma metodologia inspirada em práticas milenares que nas últimas décadas vêm sendo intensamente investigadas pelas neurociências, apresentando resultados bastante significativos:

- estimulam o equilíbrio subjetivo;
- melhoram os níveis de atenção e aprendizagem;
- diminuem os níveis de desatenção, hiperatividade e impulsividade;
- fortalecem os mecanismos atencionais e a memória operacional;
- consolidam redes neurais com foco em valores;
- fortalecem os níveis de sabedoria e felicidade;
- transformam comportamentos e ação no mundo.

DE FORMA GERAL, AS PRÁTICAS DE MEDITAÇÃO MINDFULNESS, CONSISTEM EM PRESTAR ATENÇÃO DE FORMA INTENCIONAL NO MOMENTO PRESENTE SEM JULGAMENTO.

Esses quatro aspectos são muito importantes, e requerem cuidado especial no desenvolvimento das crianças e jovens, porque onde a atenção estiver, ali estará a mente e a consequente qualidade do comportamento pessoal e da ação no mundo.

Prestar atenção não é algo fácil. Quer testar? Tente fixar a sua atenção na ponta do seu polegar por um minuto. Conseguiu? Para a maioria das pessoas, esse exercício apresenta um importante diagnóstico sobre o estado da nossa atenção.

Torna-se difícil sustentar a atenção sobre o polegar, pois imediatamente surgem outros pensamentos que arrebatam a mente, carregando a atenção para outro lugar, distante no espaço e no tempo. Nessa situação, a atenção tem que ser recuperada. E com esforço ela retorna ao polegar. E assim segue: os distratores capturam a atenção, e sua intenção pessoal de mantê-la sobre o polegar realiza o esforço de recuperá-la.

Mas esse esforço de sustentação da atenção pode ainda ser perturbado por outro tipo de pensamento - não mais aquele que repentinamente arrebata a atenção para longe do polegar, e sim algo que se instala na mente, divagando sobre o próprio polegar. Você pode olhar para esse dedo, considerá-lo muito desinteressante, e imediatamente sua atenção o abandona. Ou, ainda, pode se surpreender com algo que nunca havia reparado no seu polegar, e essa percepção dá início a uma proliferação de pensamentos que também arrancam sua atenção do seu polegar. Ou seja, os julgamentos sobre gostar ou não gostar, querer ou não querer, também retiram a atenção de onde sua intenção gostaria de mantê-la.

Por essas razões, o treino da atenção plena demanda uma "observação intencional", mantendo a atenção onde sua vontade determinar, "sem julgamento", ou seja, sem a proliferação de pensamentos sobre o objeto da sua atenção. E isso precisa ocorrer no "momento presente". Se você se lembrar de algo do passado, estará ativando a memória e desviando a atenção. Por outro lado, ao se deslocar mentalmente para o futuro, estará ativando a imaginação sobre algo que pode ou não ocorrer, e poderá divagar sobre isso até os confins dos tempos.

Esses dois movimentos mentais, que nos deslocam para o passado ou o futuro, arrebatam a nossa atenção e constituem as raízes de dois grandes problemas da atualidade: remoer o passado está nas bases da depressão, e antecipar o futuro estabelece a paisagem mental da ansiedade.

MEDITAR

Treino do nosso estado de ser sincronizando mente, corpo e ação no mundo, em processos de atenção introspeção e tranformação.

O treino da atenção de forma intencional, no momento presente, sem julgamentos, constitui os fundamentos da Meditação Mindfulness, que pode ser incluída como prática regular do processo educativo, visando fortalecer a capacidade de refletir e influenciar as experiências cognitivas, o comportamento e as respectivas ações e impactos no mundo.

Esse treino mental da atenção viabiliza também a introspecção e a metacognição, pois desenvolve a possibilidade de exercitar a atenção voltada para si mesmo, em um exame do próprio estado de ser. É desse exame que resulta a transformação e o aperfeiçoamento dos comportamentos e ações no mundo.

Dessa forma, pode-se compreender a meditação como um treino do nosso estado de ser, sincronizando mente, corpo e ação no mundo, em processos de atenção, instrospecção e transformação.

VIVENDO AS EMOÇÕES

 BASES DA NEUROBIOLOGIA DAS EMOÇÕES

Emoção e razão são termos difíceis de serem definidos em qualquer área de conhecimento. Os neurocientistas também encontram essa dificuldade e acabam adotando definições operacionais como "*razão e emoção são operações mentais acompanhadas de uma experiência característica, capazes de orientar o comportamento e realizar os ajustes fisiológicos necessários.*"(Lent, 2001).

Os motivos pelos quais nos comportamos de determinada maneira sem dúvida são influenciados por nossos sentimentos em relação a coisas, acontecimentos e pessoas. Ainda que saibamos como nos sentimos em cada emoção, é difícil defini-las, pois são subjetivas.

Mas fácil do que defini-las é identificar como as emoções são expressadas. Essa expressão inclui respostas autônomas fisiológicas, como alterações na frequência cardíaca, na pressão sanguínea, nas secreções hormonais, na respiração rápida, no suor, na secura na boca. Inclui também certas reações motoras, principalmente nos músculos faciais para produzir expressões.

Além disso, as emoções envolvem pensamentos ou planos relacionados à experiência, que podem ocorrer como lembranças sobre o que aconteceu ou antecipação sobre o que poderá ocorrer. Manter lembranças tristes na memória pode nos levar à depressão, assim como se manter sempre em alerta e preocupado sobre o que pode vir a acontecer produz estados de ansiedade.

Todas essas experiências indicam a forte influência de diferentes sistemas neurais envolvidos com as emoções. As respostas autônomas envolvem o hipotálamo e as estruturas associadas. Os sentimentos não são plenamente localizáveis no sistema nervoso, mas certamente incluem a amígdala, o sistema límbico e as regiões dos lobos frontais. As cognições são corticais. Olha só a complexidade de ativações provocadas pelas emoções!

Tudo isso interage com a forma como sentimos, reagimos e nos comportamos no mundo. O neurocientista Antonio Damasio sugere que as emoções estão sempre associadas a pensamentos, decisões e ações de uma pessoa. Elas provocam mensagens enviadas de forma global a todos os sistemas do organismo, e essa alteração sistêmica e global influencia o comportamento, geralmente de forma inconsciente.

Daí a importância de desenvolver sistemas de aprendizagem que nos habilitem a ser mais lúcidos e conscientes em relação às nossas emoções. Uma das formas de aprender como produzir essa lucidez é a prática da meditação – mas essa é uma outra história, que vamos abordar em outro momento.

SISTEMA LÍMBICO

Uma emoção sempre envolve três aspectos distintos:

- a experiência subjetiva emocional: um sentimento;
- a manifestação de um comportamento: ações características de cada emoção;
- a alteração fisiológica: os ajustes que ocorrem no nosso corpo.

Na nossa experiência cotidiana, esses três aspectos são inseparáveis e, embora não possamos classificar todas as nuances subjetivas das emoções, é possível identificar as regiões neurais envolvidas com as emoções. Trata-se da capacidade de um sistema denominado Sistema Límbico.

O sistema límbico agrupa regiões do encéfalo envolvidas com as emoções:

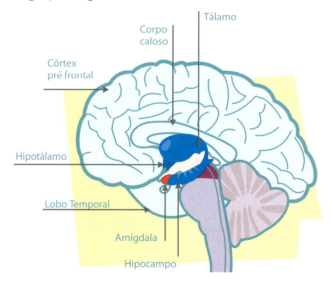

DENTRE ESSAS REGIÕES CORTICAIS, DESTACAMOS:

AMÍGDALA: entre todas as regiões envolvidas com as emoções, é essa a região do lobo temporal que funciona como um botão de disparo das emoções: recebe e filtra as informações sensoriais e interiores, avalia sua natureza emocional e envia comandos para as áreas responsáveis pelos comportamentos e ajustes fisiológicos adequados.

HIPOCAMPO: envolvido com os fenômenos da memória de longa duração.

HIPOTÁLAMO: mantém vias de comunicação com todos os níveis do sistema límbico; além dos papéis relacionados com o controle do comportamento, essa área também controla funções vegetativas e condições internas do corpo, como a temperatura e o impulso para comer e beber.

CAPÍTULO VI

EXPRESSANDO AS EMOÇÕES

Charles Darwin, em 1872, no seu livro *As Expressões das Emoções no Homem e nos Animais* foi o primeiro a pontuar a relação entre as emoções, as expressões faciais e os comportamentos. Analisando esses aspectos, concluiu que esses comportamentos têm uma determinação inata e passam pela mesma evolução que as demais características biológicas das espécies.

De lá para cá, muito se tem pesquisado sobre as emoções.

As emoções negativas são mais conhecidas no que diz respeito aos circuitos neurais envolvidos. Uma delas é o medo, que surge quando algo nos ameaça. Provoca basicamente dois tipos de comportamento, luta ou fuga, além de ativar o sistema nervoso autônomo para regular o súbito dispêndio de energia que se segue. Outra emoção negativa é a raiva, que também aciona determinados comportamentos e reações fisiológicas.

O medo é provocado por estímulos repentinos que surgem, nos surpreendem e depois desaparecem. Mas em algumas circunstâncias o medo torna-se crônico por causa de alguns fatores, que atuam juntos ou separadamente:

- o estímulo causador do medo se mantém por perto;
- surgem estímulos condicionados que prolongam os efeitos iniciais;
- a pessoa "aprende" a desenvolver uma expectativa de perigo ou ameaça futura.

Por causa desses fatores, o medo pode se tornar crônico e resultar em estresse e ansiedade. Em neurociência, normalmente se usa o termo "estresse" quando é possível identificar a causa geradora do medo crônico e "ansiedade" quando há um estado de tensão e apreensão cujas causas não são produtores de medo, e sim da expectativa de que alguma coisa (nem sempre ruim) acontecerá no futuro próximo.

> Um policial vive sob estresse porque suas atividades profissionais o submetem a constantes perigos de vida. O estado de ansiedade é o que se sente por exemplo quando esperamos por uma pessoa querida que em breve chegará, após um longo período de ausência, ou quando o nosso time se prepara para jogar uma partida que decide o campeonato.

As reações do medo resultam em fuga ou ataque. Quando resulta do medo, o ataque é defensivo. Mas como agressão, o ataque é ofensivo, resulta de uma iniciativa e não de uma reação. A raiva é a emoção que determina o comportamento de agressão, seja de tipo defensivo ou ofensivo.

A agressividade, que nos animais tem um claro valor de sobrevivência biológica, perdeu muito dessa característica entre os seres humanos, pois os mecanismos cognitivos da razão adquiriram a capacidade de controlá-la, e a organização social tende a prover as condições de sobrevivência. Porém, todos sabemos o quanto nossa civilização ainda precisa aprender para que nossos níveis de agressividade se reduzam e não coloquem em risco a nossa própria vida.

Nas últimas décadas, neurocientistas em diferentes partes do mundo vêm coletando um grande conjunto de evidências científicas que indicam que também podemos nos tornar mais benéficos e colaborativos em nossa busca para sobreviver e prosperar.

Contrastando com a posição amplamente difundida de que a evolução da espécie humana se dá na base do "cada um por si", o psicólogo Dacher Keltner, entre outros, vem defendendo que os seres humanos têm sido bem-sucedidos na evolução da espécie, em razão do carinho, do altruísmo e da compaixão. Esse mecanismo vem sendo chamado de "sobrevivência do mais bondoso", e realça a relevância na sobrevivência da espécie, da capacidade humana de cuidar e cooperar com os outros. Essa capacidade pode ser identificada em regiões específicas do cérebro e do sistema nervoso.

Nesta mesma direção, Damásio tem pesquisado sobre o tempo de resposta do cérebro (traduzido em milésimos de segundos) quando temos que interagir com uma situação de sofrimento de outra pessoa. É interessante observar que temos reações diferentes ante o sofrimento físico, o sofrimento psicológico e o social. Mas em todos os casos, há alterações específicas nas nossas redes neurais, acionando regiões relacionadas à expressão do sentimento de cuidado e compaixão em relação ao outro.

A identificação dessa capacidade de empatia, de pensar sobre o estado mental de outra pessoa, é o que nos habilita a perceber se o outro está alegre ou triste, se está bem ou se sofre. Essa é a abordagem da Teoria da Mente, que vem resultando em uma profunda compreensão sobre a nossa empatia e interdependência, e sobre a capacidade de genuinamente desejar a felicidade do outro ou de aliviar seu sofrimento.

Pesquisas lideradas por Richard Davidson vêm demonstrando, por estudos de neuroimagem, que a experiência mental para cultivar emoções positivas altera a ativação de circuitos previamente ligados à empatia e à teoria da mente em resposta aos estímulos emocionais.

A identificação das áreas do cérebro envolvidas na expressão de bondade e compaixão vem permitindo observar as possibilidades de exercitá-las de tal forma que essa capacidade se amplie em cada um de nós.

Uma das maneiras de desenvolver intencionalmente essas redes neurais refere-se às atividades relacionadas às práticas meditativas. Sem dúvida, essa tarefa pode e deve ser dos educadores.

A EXPRESSÃO FACIAL DAS EMOÇÕES

Entre os atuais pesquisadores das emoções, Paul Ekman é uma das maiores autoridades no assunto. Ele vem conduzindo pesquisas que indicam a existência de expressões faciais que revelam seis emoções básicas: medo, surpresa, alegria, raiva, aversão e tristeza.

Seus estudos demonstram que temos um repertório praticamente universal nas expressões faciais dessas emoções, que surgem com regularidade nas dinâmicas da face. É graças ao seu sistema de codificação facial (FACS) que se tornou possível ver animações no cinema com personagens tão próximos do real na expressão das emoções.

É possível identificar algumas expressões faciais típicas de cada uma dessas emoções, como descrito a seguir:

TRISTEZA
A tristeza é uma das emoções que mais dura, e depois de um período de agonia pode também existir uma espécie de tristeza resignada. Há vários movimentos faciais associados à tristeza: olhos baixos, boca aberta e uma "ferradura" entre as sobrancelhas.

RAIVA
É uma emoção explosiva e, por vezes, torna-se o ponto de ruptura nas relações. Tem algumas características faciais específicas, como as sobrancelhas baixas e juntas, os lábios mais finos, e a margem vermelha dos lábios se tornando mais escura. Quando se está diante de uma pessoa com raiva, não adianta perguntar "por que você está zangado comigo?", pois essa pessoa está vivendo um momento de pouca lucidez e dificilmente vai concatenar seu pensamento para produzir uma resposta. É melhor dizer "minha ação pode ter feito você ficar muito bravo e peço desculpas por isso – há algo que eu possa fazer para ajudar?". Essa atitude pode contribuir para interromper o acesso de raiva e conduzir a pessoa a outro estado emocional.

SURPRESA
A surpresa é a mais rápida emoção que existe. Quando a pessoa percebe o que se passa, a surpresa se transforma em medo, alegria, nojo etc., conforme a causa. Tem como principais características de expressão facial o abrir dos olhos e da boca, assim como o subir das sobrancelhas.

MEDO
A expressão do medo manifesta-se com a elevação das pálpebras superiores e tensão nas inferiores. As sobrancelhas sobem e se juntam. O maxilar desce e os lábios esticam-se verticalmente na direção das orelhas.

AVERSÃO, NOJO E DESPREZO
O que mais potencializa a emoção de nojo são os produtos corporais, como fezes, vômito, urina, muco e sangue. Provavelmente algumas dessas palavras fizeram seu nariz enrugar, característica tão própria dessa emoção.

A emoção de desprezo tem uma característica facial muito típica, o levantar de um dos lados da boca, como se fosse um meio sorriso feito na direção da orelha.

ALEGRIA
Nada melhor do que um belo sorriso. Qualquer ser humano reconhece essa emoção. De acordo com a teoria de Ekman, sabemos identificar um sorriso falso: falta-lhe o movimento involuntário que ocorre na parte exterior dos olhos (o mesmo que você acredita provocar os temidos "pés de galinha"), o tal movimento no olhar que caracteriza a nossa alegria.

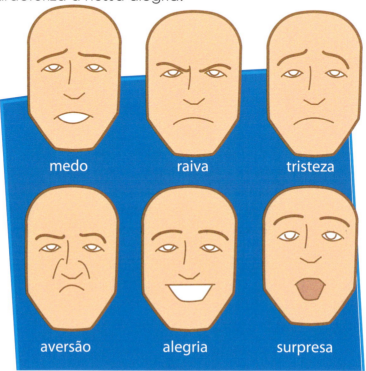

NEUROCIÊNCIAS E EDUCAÇÃO

CAPÍTULO VI

Além da expressão facial, as emoções também produzem outras reações. Vários fenômenos acontecem no calor de uma emoção, e é tudo muito rápido, sem que façamos essas escolhas e muitas vezes sem termos consciência disso: sinais emocionais na voz, reações automáticas do corpo, recuperação de memórias e expectativas, alteração na forma como interpretamos o que nos acontece e o que acontece no mundo.

As emoções também conduzem impulsos para determinadas ações. Alegria e raiva provocam a aproximação em direção à pessoa, ao evento ou ao objeto relacionado à nossa emoção. O medo nos paralisa ou nos faz fugir, assim como o nojo, ombora de forma mais fraca. O desprezo nos faz olhar de cima para baixo, e a surpresa provoca uma atenção fixa no objeto.

Tudo isso ocorre de forma involuntária, mas podemos nos treinar para nos tornarmos mais conscientes em relação às nossas emoções. Uma boa forma de fazer isso é por meio do treino da atenção, com práticas como a Meditação Mindfulness, a meditação da atenção plena.

Segundo Ekman, existem quatro competências que podem ser aperfeiçoadas com a compreensão das emoções:

- tornar-se mais consciente sobre o próprio estado emocional antes de agir ou falar;
- escolher como se comportar quando se está sob a emoção, de forma a conseguir atingir seus objetivos sem magoar as pessoas;
- tornar-se mais sensível às emoções dos outros;
- usar de forma cuidadosa as informações sobre como os outros se sentem.

Segundo um estudo conduzido por Richard Davidson e Paul Ekman, "forçar" um sorriso verdadeiro, ou seja, ativar os mesmos músculos faciais que são ativados pelo sorriso genuíno, pode não convencer plenamente os outros sobre sua alegria, mas provoca no seu cérebro a mesma reação que um sorriso espontâneo. Isso acontece não apenas para a emoção alegria, mas também para todas as outras. Portanto, cuidado com a cara feia! Ela produz uma série de rações adversas em você mesmo. Sem falar no desconforto provocado nos outros. Um sorriso, mesmo que exija esforço, é sempre melhor para você e para o mundo.

NEUROCIÊNCIAS E EDUCAÇÃO

MOTIVAÇÃO E SISTEMA DE RECOMPENSAS

É possível identificar uma área no sistema límbico que está relacionada com a sensação de prazer, incluindo o prazer sexual e também aquele gerado pelas drogas e pelos comportamentos ligados ao consumo. É uma área denominada sistema de recompensa cerebral.

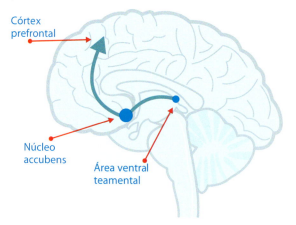

Quando essas regiões específicas que provocam sensações de prazer são muito estimuladas, surge a tendência de repetir as tentativas de estimulação, buscando repetir também a sensação de prazer. O neurotransmissor predominante nessa via é a dopamina, responsável pela produção de estados de excitação em função da recompensa.

É nesse circuito que as frustrações ou ameaças de insatisfação de certa necessidade passam a ser consideradas como ameaças psicológicas, provocando uma série de reações no comportamento humano e na sua motivação.

Esse é um circuito que processa tudo o que se revela como recompensa e prazer imediato. É o foco no atendimento do interesse próprio e da satisfação imediata, enraizado em mecanismos de sobrevivência que existem também nos cérebros de outros animais. Não há problemas em acionar esse sistema, mas ele precisa ser educado.

Porém, como vimos, é possível sentir-se satisfeito e feliz não só com o atendimento de necessidades fundamentadas no interesse próprio. Nosso cérebro também está constituído para processar o prazer de ver o outro feliz e realizado. Esse sistema é que nos caracteriza como seres humanos e que interage com nossa motivação ética e benéfica.

Nesse sentido, educar as emoções não significa simplesmente conhecer os circuitos neurofisiológicos do sistema límbico, mas, sim, aprender a identificar as emoções, ter a habilidade de lidar com elas internamente, e modificar positivamente sua expressão no mundo por meio de seus comportamentos.

SERÁ QUE O CURRÍCULO ESCOLAR, RESTRITO AOS CONTEÚDOS DAS DISCIPLINAS, PERMITE TRABALHAR TODO ESSE POTENCIAL HUMANO?

A aprendizagem resulta de um processo integrado que provoca uma transformação na estrutura mental daquele que aprende. Essa transformação se reflete em alterações na conduta da pessoa.

A vontade de aprender é característica essencial do ser humano, mas necessita de estímulos externos e internos, motivação e necessidades, que conduzem o aprendizado. Além disso, a aprendizagem também depende dos processos de maturação física, psicológica e social, e se dá no meio social e temporal com os quais a pessoa convive. Dessa forma, sua conduta vai se alterar em razão da aprendizagem, promovida por esses fatores e por predisposições genéticas.

De um ponto de vista embasado nas neurociências, podemos compreender a aprendizagem como um fenômeno de plasticidade cerebral modulado por fatores intrínsecos (genéticos) e extrínsecos (experiências).

É nesse contexto que se percebe a relevância da motivação no processo de aprendizagem. Cada pessoa sempre apresenta mais de uma motivação, sempre conectadas a um estado de satisfação ou insatisfação, produzindo diferentes efeitos sobre o organismo, resultando em comportamentos motivados, ou seja, uma espécie de canais em que muitas necessidades e motivações podem ser expressas ou satisfeitas conjuntamente.

Os sentimentos de prazer levam à autoestimulação e indicam a importância dos estímulos de reforço positivo ou de "recompensa", que determinam certos tipos de comportamento. É importante compreender que recompensa não significa somente "ganhar alguma coisa". Essa é uma visão bem reduzida sobre o que satisfaz as pessoas. Nada impede que sua recompensa seja vislumbrar a felicidade do outro. Uma bela recompensa!

BIBLIOGRAFIA

ALVAREZ, A. M. M. A.; TAUB, A.; CARVALHO, I. A. M. & YASSUDA, M. S. **Memória**, São Paulo: Atheneu, 2005.

ANDRADE, M.V.; SANTOS, F. H. & BUENO, O. F. A. **Neuropsicologia Hoje**, São Paulo: Artes Médicas Ltda, 2004.

BRANDÃO, M. L. **Psicofisiologia: bases fisiológicas do comportamento.** São Paulo: Atheneu, 2001.

DAMÁSIO, A. R. **O Erro de Descartes.** São Paulo: Companhia das Letras, 1998.

DAMÁSIO, A. **O Mistério da Consciência**, São Paulo: Companhia das Letras, 1999.

FIALHO, F. **Ciências da Cognição.** Florianópolis: Insular, 2001.

GAZZANICA, M. S. & HEATHERTON, T. F. **Ciência Psicológica.** Porto Alegre: Artmed, 2005.

GOLDBERG, E. **O Cérebro Executivo**. Rio de Janeiro: Imago, 2002.

GONÇALVES, M. J.; MACEDO, E. C.; SENNYEY, A. L. & CAPOVILLA, F. C. **Tecnologia em (Re) Habilitação Cognitiva**. São Paulo: Centro Universitário São Camilo, 2000.

KANDEL, E. R.; SCHWARTZ, J. H. & JESSELL, T. M. **Fundamentos da Neurociência e do Comportamento.** Rio de Janeiro: Prentice-Hall do Brasil, 1997.

KANDEL, E. R. & SQUIRE, L. R. **Memória:** da mente às moléculas. Porto Alegre: ArtMed, 2003.

KOLB, B. **Neurociência do Comportamento.** São Paulo: Manole, 2002.

LEFÈVRE, B. H. **Neuropsicologia Infantil.** São Paulo: Sarver, 1989.

LENT, R. **Cem Bilhões de Neurônios.** Rio de Janeiro: Atheneu, 2001.

LENT, R. **Neurociência da Mente e do Comportamento.** Rio de Janeiro: LAB, 2008.

MOURA-RIBEIRO, M. V. L. & GONÇALVES, V. M. G. **Neurologia do Desenvolvimento da Criança.** Rio de Janeiro: Livraria e Editora Revinter, 2006.

RIBEIRO DO VALLE, L. E. L. & OSTERNACK-PINTO, K. (Org.). **Mente e Corpo:** integração

Multidisciplinar em Neuropsicologia. Rio de Janeiro: Wak Ed., 2007.

ROTTA, N.T.; OHLWEILER, L. & RIESGO, R. S. **Transtornos da Aprendizagem: abordagem neurobiológica e multidisciplinar.** São Paulo: ArtMed Editora, 2006.

ZIMMER, C. **A Fantástica História do Cérebro**. Rio de Janeiro: Campus, 2004.